전염병이 휩쓴 세계사

Thinking Power Series - World History Collection 17
Infectious Diseases: A Global History

Written by Kim Seo-hyung.
Published by Sallim Publishing, 2020.

생각하는 힘 - 세계사컬렉션 17

전염병이 휩쓴 세계사

전염병은 어떻게 세계사의 운명을 뒤바꿔놓았는가

김서형 지음

살림

글로벌 네트워크의 형성과 전염병의 확산

최근 전 세계적으로 코로나바이러스감염증-19(줄여서 코로나19)가 이슈다. 이 전염병은 2019년 12월 중국 우한에서 처음 발생한 이후 중국 전역과 전 세계로 확산되었다. 2020년 4월 20일 현재 처음 코로나19가 발생한 중국 내 확진자 수는 8만 2,000명 이상이다. 현재 확진자 수가 가장 많은 나라는 미국으로 75만 명 이상이며, 우리나라에서도 1만 명 이상의 확진자와 200명 이상의 사망자가 발생했다. 세계 곳곳에서 매일 확진자가 급증하고 있다.

코로나19는 새로운 유형의 코로나바이러스(SARS-CoV-2)에 의해 발생하는 호흡기 감염 질환이다. 감염자의 침이 호흡기나 코,

입 등의 점막으로 침투되면서 바이러스가 전염되는 것으로 알려져 있다. 보통은 2~14일 정도의 잠복기를 거친 후 발열이나 기침, 호흡 곤란, 폐렴 등의 증상이 나타나는데, 이러한 증상을 보이지 않는 환자들도 있다.

2020년 1월 21일, 중국 정부는 우한 의료진 15명이 코로나19 확진 판정을 받았다고 공식 발표했다. 이로써 사람 간 전염이 가능하다는 사실이 입증되었다. 확산 속도가 급증하자 세계보건기구(WHO)는 1월 말 국제적공중보건비상사태(PHEIC)를 선포했고, 3월 11일에는 세계적으로 전염병이 대유행하는 상태인 '팬데믹'을 선포했다. 1968년 홍콩독감과 2009년 신종플루에 이어 세 번째 팬데믹 사례다.

우리나라에서는 코로나19를 예방하기 위해 흐르는 물에 30초 이상 손 씻기나 마스크 착용 등 예방 수칙을 권고하고 있다. 더불어 '사회적 거리 두기' 캠페인을 시행하고 있다. 이는 코로나19의 감염 및 확산을 막기 위해 사람들 사이의 거리를 유지하는 감염 통제 조치다. 행사나 모임 등을 최소화하고, 2미터 이상 거리 두기, 유연 근무제 및 재택 근무제 시행, 온라인 종교 행사 시행, 집회 자제 등이 대표적인 예다. 이러한 캠페인을 시행하는 근본적인 이유는 사람들의 이동과 접촉이 치명적인 전염병의 확산을 초래하기 때문이다.

약 20만 년 전, 오늘날 인류의 공통 조상인 호모사피엔스는 아프리카 동부 지역에서 처음 출현해 전 세계로 이동했다. 아프리카를 벗어나 유럽으로, 아시아로, 그리고 오세아니아로 이동한 이들은 빙하기 동안 베링해협을 건너 아메리카까지 넘어가면서 극지방을 제외한 지구 전체로 퍼져나갔다. 이러한 점에서 본다면, 인간의 이동은 비단 오늘날에만 나타나는 현상이 아니라 이미 오래전부터 진행되어오는 현상이었다. 인간의 이동은 단순히 한 지역에서 다른 지역으로 자리를 옮기는 것보다 훨씬 광범위한 의미가 담겨 있다. 새로운 지역으로 이동한 사람들과 원래 그 지역에 살고 있던 사람들 사이의 공존과 갈등은 인류 역사를 더욱 복잡하게 만들었고, 이러한 과정에서 사람과 함께 이동한 전염병도 역사를 다양하게 변화시켰기 때문이다.

그래서 역사학자들은 단순히 인간의 이동에만 초점을 맞추지 않는다. 인간과 더불어 다양한 상품과 물건, 사상, 종교, 그리고 전염병이 이동한 루트를 살펴보고, 이를 통해 인류 역사 속에서 발생한 수많은 현상과 변화, 이것이 지니는 역사적 의미와 교훈까지 끊임없이 성찰한다. 따라서 인간의 이동은 '글로벌 네트워크'가 형성되는 중요한 시작점이라 할 수 있다. 글로벌 네트워크는 20세기 이후 교통과 통신의 발달로 지구 전체가 하나로 연결되면서 나타난 현대적인 현상이라고 생각하는 사람들이 많다.

하지만 호모사피엔스가 전 지구적으로 이동하면서부터 이미 글로벌 네트워크는 형성되기 시작했다. 물론 당시 글로벌 네트워크의 범위는 오늘날보다 훨씬 좁았다. 그럼에도 다양한 규모의 글로벌 네트워크 속에서 인간과 함께 이동한 여러 요소를 살펴보는 것은 인류 역사를 좀 더 깊이 있게 이해하는 데 중요한 틀을 제공해준다.

인간의 이동으로 형성되고 확대된 글로벌 네트워크는 전염병의 발생과 어떤 관련성이 있을까? 인간과 함께 이동한 전염병은 인류 역사에 어떤 영향을 미쳤을까? 인류 역사 속에서 전염병의 발생과 확산은 어떤 의미를 가지고 있을까? 지금부터 인류 역사에 심각한 영향을 미친 전염병이 어떻게 발생했고, 글로벌 네트워크를 통해 어떻게 다른 지역으로 확산되어 예상치 못한 변화를 초래했는지 살펴보도록 하자.

2020년 4월

김서형

차례

제1장

아프로-유라시아 네트워크와 전염병

인류의 글로벌 네트워크 형성

호모사피엔스의 생존 방식

지금으로부터 약 1만 년 전 지구에는 엄청난 변화가 나타났다. 드디어 마지막 빙하기가 끝났다. 빙하시대는 지구 전체의 기온이 내려가 극지방과 대륙, 산악 지대의 빙하가 증가하는 시기를 말한다. 빙하시대는 비교적 더 추운 빙하기와 덜 추운 간빙기로 나눌 수 있는데, 45억 년 전 지구가 탄생한 이후 여러 차례의 빙하기와 간빙기가 반복해서 나타났다. 이 가운데 약 7억 5,000만 년 전은 가장 극심한 빙하기로, 오늘날 적도에 해당하는 지역까지 빙하로 뒤덮였다. 지난 100만 년 동안 지구에는 총 일곱 차례의 빙하기가 찾아왔다. 아직 명확한 이유는 밝혀지지 않았지만, 과학자들은 지구 공전주기나 자전축의 변화 등으로 이와 같은 현상이 발생했다고 추정한다.

마지막 빙하기는 약 11만 년 전부터 시작해 10만 년 정도 지속되었다. 마지막 빙하기가 끝나던 약 1만 년 전 지구의 기온이 점차 올라가 극지방의 빙하가 녹기 시작했다. 당시 호모사피엔스는 주로 해안 지역에 거주했는데, 점차 해수면이 상승하면서 새로운 환경으로 이주해야만 했다. 내륙지역으로 이동한 이들은 이전과는 다른 환경에 적응해야 했다. 따뜻해진 날씨 때문에 아프리카에서는 열대 삼림이 발달했고, 매머드나 들소처럼 몸집이 큰 동물은 점차 사라졌다. 반면 돼지나 사슴처럼 몸집이 작은 동물이 진화하기 시작했다. 견과류와 야생 딸기류도 등장했다. 결국 빙하기의 종식과 지구온난화는 지금까지 호모사피엔스가 생존하기 위해 활용했던 식량의 종류를 급격히 변화시켰다.

마지막 빙하기가 끝나기 전까지 인류의 조상은 주변 환경으로부터 생존에 필요한 에너지를 얻었다. 강에서 물고기를 잡았고, 산이나 들에서 과일과 곡식을 얻었으며, 힘을 모아 몸집이 큰 동물을 사냥했다. 역사학자들은 이러한 생존 방식을 '수렵·채집'이라고 부른다. 하지만 지구온난화로 인구가 증가하자 수렵·채집은 더 이상 적절한 생존 방식이 될 수 없었다. 호모사피엔스는 주변 환경에서 더 많은 식량을 제공해줄 수 있는 종(種)을 주의 깊게 찾기 시작했다. 그러고는 적합한 종을 길들이기 시작했다. 역사학자들은 이러한 생존 방식을 '농경'이라고 부른다. 농경은 단순히 작물을 기르는 것만 의미하지 않는다. 넓은 의미에서 농경은 더 많은 식량을 얻기 위해 종을 개량하고 기술을 발전시키는 것까지 포함한다. 따라서 오늘날 식량 생산량의 증가를 위한 유전공학 연구는 이미 1만 년 전 농경이 시작했을 때부터 서서히 진행되었다고 볼 수 있다.

농경, 인류 역사를 획기적으로 변화시키다

역사상 농경이 처음 시작된 곳은 '비옥한 초승달 지대'다. 20세기 초 미국 역사학자 제임스 헨리 브레스테드는 동쪽으로 페르시아만의 평야 지대부터 티그리스강과 유프라테스강을 따라 서쪽으로 시리아와 팔레스타인까지 연결되는 초승달 모양의 지역을 '비옥한 초승달 지대'라고 불렀다. 약 1만 년 전 이 지역에서 사람들은 야생 밀을 키우기 시작했다. 개와 고양이, 돼지 등 짐승도 길들이기 시작했다. 비슷한 시기에 다른 큰 강 주변 지역에서도 농경이 시작되면서 인류의 역사에는 급격한 변화가 나타났다.

우선, 생산물이 많아져 수렵·채집 시대보다 인구가 급증해 공동체 규모가 더욱 커졌다. 수렵·채집 시대의 공동체 규모는 대략 수십 명을 넘지 못했지만, 농경이 시작된 이후 공동체의 규모

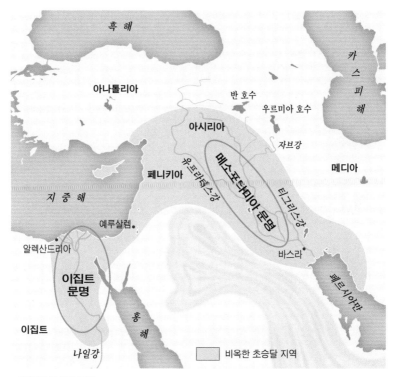

• 비옥한 초승달 지대
티그리스강과 유프라테스강이 흐르는 지역을 중심으로 초승달 모양으로 형성된 지대를 가리킨다. 인류 역사상 최초로 농경이 시작된 곳으로 알려져 있다.

는 수백 명까지 확대되었다. 작물을 재배하고 가축을 기르면서 수렵·채집 시대처럼 식량을 찾아 이동하는 대신 정착 생활을 시작했다. 초기 도시가 탄생할 수 있었던 것은 바로 농경 덕분이다. 공동체 구성원 모두가 먹고도 남는 잉여 생산물이 생기면서 공동체 내부에서는 농경에 종사하지 않는 사람들이 나타나기 시작했다. 물건을 만드는 수공업자나 상품을 판매하는 상인, 문자와 회계를 통해 사람들을 통치하는 관리, 종교적 권위를 통해 신의 세계와 인간의 세계를 연결하는 성직자, 그리고 이들 가운데 최고의 권력을 가진 왕이 등장했다. 농경은 도시만이 아니라 국가가 탄생하는 중요한 원동력이었다.

그렇다면 농경은 긍정적인 효과만 초래했을까? 농경의 시작과 더불어 인간 사회에 나타난 부정적인 영향 가운데 하나가 전염병이다. 물론 수렵·채집 시대에도 전염병은 존재했다. 대부분 생존에 필요한 식량을 얻기 위해 열매를 채집하고 동물을 사냥하다가 생긴 상처를 통해 감염되었다. 특정 지역에서 발생하는 풍토병에 걸리는 때도 있었다. 그러나 수렵·채집 시대에 전염병은 공동체를 유지하는 데 별로 중요한 문제가 아니었다. 주로 이동 생활을 했던 당시 사람들은 전염병이 생기면 다른 지역으로 이주했기 때문에 전염병으로 인한 사망률은 상대적으로 낮았다.

농경이 시작된 이후 정착 생활을 시작한 사람들에게 전염병은 전혀 다른 문제로 인식되었다. 인간이나 동물과 함께 살면서 영양분을 뺏는 벌레를 과학자들은 '기생충'이라고 부른다. 기생충은 인간과 동물에게 모두 전염병을 옮긴다. 농경이 시작된 이후 야생동물이 인간과 함께 살게 되면서 인간 사회에서 기생충에 의한 전염병이 자주 발생했다. 수렵·채집 시대보다 공동체의 규모가 컸기 때문에 전염병은 더욱 빠르게 확산되었고, 생활 터전을 버리고 떠나지 못하는 많은 사람이 전염병으로 목숨을 잃었다. 결국 전염병으로 인한 사망률은 수렵·채집 시대보다 급속히 증가했다. 출산율이 증가했지만, 전염병으로 인한 사망률도 높아지면서 심각한 전염병이 발생하는 경우에는 도시나 국가에서 노동력 부족 현상이 나타나기도 했다.

농경이 시작되면서 사람들은 수렵·채집 시대보다 더 많은 노동을 해야 했다. 수렵·채집 시대에는 몇 시간만 주변을 돌아다니면 생존에 필요한 식량을 얻을 수 있었지만, 농경 시대에는 더 많은 생산물을 얻기 위해 아침부터 밤까지 끊임없이 노동을 했다. 작물을 재배하면서 인간 사회에는 당뇨병과 관절염이라는 새로운 질병이 발생했다. 밀이나 보리 등 작물을 더 많이 섭취해 혈중 포도당 농도가 높아지는 고혈당이 발생했고 당뇨병과 충치가 생겼다. 수확한 작물을 갈아서 죽이나 빵 같은 음식을 만들기 위해 사람들은 무릎을 구부리고 앉아서 일을 했기 때문에 관절염에 걸리기도 했다.

농경이 시작되면서 수렵·채집 시대보다 더 많은 생산물을 얻어 공동체의 규모는 더욱 커졌고 인구의 이동도 활발해졌다. 한 지역에서 다른 지역으로 이동한 사람들 덕분에 다양한 지식과 정보가 교환되고 축적되었다. 지식과 정보의 축적은 새로운 지역에 대한 호기심과 탐욕으로 이어졌고, 더 많은 생산물과 노동력을 얻기 위한 전쟁이 시작되었다. 전쟁의 결과, 원래 지배한 영토보다 더 넓은 지역까지 정치·경제·종교적 영향력을 미치는 제국이 탄생했다. 제국의 탄생은 여러 거점 지역을 훨씬 효율적으로 연결했고, 이는 글로벌 네트워크의 형성을 초래했다. 농경의 시작과 제국의 탄생, 그리고 글로벌 네트워크의 형성 및 발전 과정에서 전염병은 이전보다 훨씬 빠른 속도로 확산되면서 인류 역사에 급격한 변화를 일으켰다. 이제 글로벌 네트워크 속에서 등장한 전염병들을 차례대로 살펴보도록 하자.

실크로드와 천연두

동서를 최초로 연결한 실크로드

중국인들 사이에 유행하는 설문 조사가 하나 있다. 중국 역사에 가장 큰 영향력을 미친 사람은 누구인가? 많은 사람이 진시황(재위: 기원전 246~기원전 210)을 언급한다. 진시황은 기원전 8세기부터 기원전 3세기까지 여러 나라로 분열된 중국을 최초로 통일한 진(秦) 제국의 황제다. 그런데 이 진시황조차 두려워 벌벌 떠는 적(敵)이 있었으니, 바로 흉노다. 흉노는 기원전 3세기부터 기원후 1세기까지 몽골고원과 중앙아시아를 지배하면서 최초의 유목 민족 국가를 세웠다. 수렵과 방목 생활을 하던 흉노는 겨울 동안 필요한 식량을 준비하기 위해 중국의 변방 지역을 자주 침략했다. '오랑캐가 중국을 멸망시킬 것'이라는 예언을 굳게 믿은 진시황은 그 오랑캐를 흉노라고 생각했고, 이들의 침략을 막기 위해 만리장성을 증축했다.

하지만 흉노에 대한 두려움은 계속되었다. 진 제국의 멸망 이후 중국을 다시 통일한 국가는 한(漢) 제국이다. 한 제국을 세운 유방은 건국 초기에 흉노를 정벌하려다가 오히려 공격을 당하고 말았다. 그 뒤로 한 제국은 지속적으로 흉노에 조공을 바치거나 황실 출신의 여성을 흉노족과 결혼시키는 정책으로 갈등을 피해 왔다. 기원전 141년에 한 제국에서는 스무 살이 채 되지 않은 젊은 황제 무제(재위: 기원전 141~기원전 87)가 즉위했다. 훗날 역사가들은 무제를 위대한 황제로 묘사했다. 그의 탁월한 대외 정책 때문이다. 무제의 대외 정책은 진시황조차 두려워했던 흉노를 직접 공격하는 것이었다.

뛰어난 장군 선발과 지속적인 군사 훈련을 통해 전쟁을 준비한 무제는 기원전 129년에 흉노를 공격했다. 그 결과, 흉노는 한나라 변방에서 멀리 떨어진 고비사막으로 이동했다. 그렇다고 위협이 완전히 사라진 것은 아니다. 흉노의 위협으로부터 한 제국을 안전하게 보호하기 위해 무제는 고비사막 서쪽의 여러 나라와 군사 동맹을 맺고자 했다. 기원전 3세기부터 중앙아시아와 북아시아를 지배한 나라는 오늘날 우즈베키스탄에 해당하는 월지였다. 원래 월지는 중국 간쑤성 근처에 자리 잡고 있었지만, 흉노의 침략 때문에 서쪽으로 이동할 수밖에 없었다. 월지가 흉노

• 장건의 원정

7세기 무렵 둔황 막고굴 제323굴 북벽에 그려진 「장건출사서역도」이다. 장건이 월지와 동맹을 맺기 위해 서역으로 파견되는 모습을 묘사했다.

를 향한 복수심에 불타고 있다고 생각한 무제는 기원전 139년에 외교관 장건을 서쪽으로 파견했다. 장건의 임무는 월지와 동맹을 맺고 함께 흉노를 공격하는 것이었다.

하지만 장건의 임무는 쉽지 않았다. 월지의 위치를 정확하게 몰랐을 뿐만 아니라 고비사막을 지나가려면 흉노가 지배하는 지역을 통과해야만 했다. 이 지역을 지나가던 장건은 흉노족에게 붙잡혀 약 10년 동안 함께 살게 되었다. 그 뒤 탈출에 성공해 중앙아시아 시르강 상류에 있는 대원에 도착했고, 월지의 정확한 위치도 알 수 있었다. 가까스로 월지에 도착한 장건은 무제의 계획을 전달했지만, 월지 왕은 한 제국과의 동맹에 별다른 관심이 없었다. 이미 남쪽에 있는 오늘날 아프가니스탄 지역에 해당하는 대하를 정복해 비옥한 영토를 차지하고 부를 누리고 있었기 때문이다. 월지 왕을 설득하는 데 실패한 장건은 결국 아무런 성과 없이 한 제국으로 돌아올 수밖에 없었다.

월지와의 동맹을 성공시키지 못한 장건은 어떻게 보면 임무에 실패한 것처럼 보인다. 그러나 장건은 자신이 지나온 서역의 여러 지역에 관한 정보를 무제에게 자세히 보고했다. 여기에는 오늘날 중앙아시아에 해당하는 대원과 월지, 대하, 강거라는 네 개의 국가뿐만 아니라 현지에서 들었던 다른 지역에 관한 정보도 포함되어 있었다. 무제 시대의 역사가인 사마천이 기록한 『사기』 「대원열전」에는 다음과 같은 기록이 등장한다.

대하에서 공(邛)의 대나무 지팡이와 촉(蜀)의 옷감을 보았습니다. 이 물건들이 어디에서 왔는지 물어보자 상인들은 신독의 시장에서 가져왔다고 말했습니다. ……대하에서 남쪽으로 몇천 리 떨어진 신독은 촉과 지리적으로 상당히 가깝습니다. 대하로 사신을 보낼 때는 촉에서 보내는 것이 가깝고 흉노도 피할 수 있습니다.

공과 촉은 모두 오늘날 중국 쓰촨성 지역을 가리키며, 신독은 지금의 인도를 의미한다.

장건의 보고를 들은 무제는 다음과 같이 명령했다.

대원과 대하, 안식 등이 모두 큰 나라로 이미 진기한 물건이 많고 백성은 정착해서 살고 있다. 또 중국과는 산업도 비슷하지만, 군사는 약하고 한 제국의 재물을 소중하게 여기고 있다. 북쪽에는 월지와 강거 등이 있는데, 군사는 강하지만 물건을 보내주고 이로움을 베풀면 조회에 들게 할 수도 있을 것이다. 만약 도의로써 그들을 복속시킨다면, 만 리에 걸쳐 국토를 넓힐 수 있지만 여러 차례 통역을 거쳐야 할 것이다. 그러나 여러 특수한 풍속이 다른 이민족을 입조하게 할 수 있으니, 그에 따라 한 제국 횡세의 위임과 은덕을 천하에 널리 떨칠 수 있을 것이다.

이와 같은 지시에 따라 중국에서 중앙아시아와 아프가니스탄, 키르기스스탄, 인도와 이란까지 연결하는 교역이 시작되었다.

독일 지리학자 페르디난트 폰 리히트호펜은 19세기 후반에 중국의 여러 지역을 답사한 다음 『중국』이라는 제목의 책을 출간했다. 책 1권에서 그는 중앙아시아를 흐르는 두 강인 시르강과 아무르강 사이에 위치한 트란스옥시아나(오늘날 우즈베키스탄과 타지키스탄, 카자흐스탄의 남서부 지역에 해당함)와 인도에 수출되는 중요한 상품이 중국의 비단이었다고 설명한다. 그러면서 이 교역로를 독일어로는 '자이덴슈트라센(Seiden strassen)', 영어로는 '실크로드(Silk road)'라고 불렀다. 이후 많은 역사학자가 아시아의 여러 지역과 콘스탄티노플(오늘날의 이스탄불), 그리고 로마제국까지 연결한 교역로를 실크로드라고 부르기 시작했다.

하지만 『사기』「대원열전」에 기록된 장건의 보고 내용을 살펴보면, 실크로드는 무제의 지시에 따라 형성된 네트워크가 아니었다. 오래전부터 대원과 대하, 안식, 신독 등 여러 지역에서 인간의 이동에 따라 다양한 상품이 교역되고 있었고, 한 제국은 이미 존재하는 교역로를 더욱 확대시켰을 뿐이다. 따라서 실크로드는 어느 일부 지역을 연결하고 있던 기존의 네트워크를 확대하고, 이를 또다시 다른 일부 지역과 연결함으로써 형성된 더욱 광범위한 교역 네트워크라 할 수 있다.

실크로드, 지역 네트워크가 합쳐진 글로벌 네트워크

이러한 네트워크의 중심에는 여러 도시가 존재했다. 사막 지역에서 낙타를 이용해 이동하는 대상(隊商)은 오아시스뿐만 아니라 중국과 중앙아시아의 여러 도시를 거점으로 삼았다. 상인들과 사람들이 모여드는 도시는 그야말로 다양한 정보와 지식이 공존하고 수많은 상품이 교환되는 공간이었다. 이쯤 유라시아(아프리카·유럽·아시아 세 대륙을 아울러 부르는 명칭)의 서쪽과 동쪽에 있던 로마제국과 한 제국이 서로 연결될 수 있는 디딤돌을 제공해 주었다.

중국 동부에 있는 산시성의 시안은 오랫동안 중국 역사에서 중요한 도시였다. 시안은 '서쪽의 수도'를 의미하기 때문에 '서안(西安)'이나 '서경(西京)'이라는 이름으로 불리기도 했고, 이후에는 '장안(長安)'이라는 이름으로도 불렸다. 618년 당의 건국 이후 수도가 되었으며, 그 영향을 빌어 우리나라에서도 서울을 상안이라 불렀다. 바로 이곳 시안이 실크로드가 처음 시작되는 지점이었다. 시안의 비단이나 항저우의 면직물, 광저우의 도자기와 차 등은 중앙아시아를 거쳐 인도 북부와 사우디아라비아 북부, 그리고 콘스탄티노플까지 이동했다. 이러한 과정에서 중앙아시아의 말과 옥, 서남아시아의 유리 등이 중국으로 이동했다. 다시 말해, 실크로드는 중국의 상품이 일방적으로 다른 지역으로 확산되는 네트워크가 아니라, 수많은 지역 네트워크가 합쳐진 글로벌 네트워크 속에서 인간의 이동을 따라 다양한 상품이 서로 교환된 교역 체계라 할 수 있다.

우리나라 경상북도 경주시에 있는 국립경주박물관에는 특별한 유물이 전시되어 있다. 신라에서는 지하에 구덩이를 파고 상자처럼 생긴 덧널을 만든 다음 돌로 둥글게 쌓아 봉토를 덮는 돌무지덧널무덤이 유행했다. 이 무덤에서 발견된 유물에는 유리 제품도 포함되어 있었다. 인류 역사 속에서 유리를 가장 먼저 사용한 지역은 메소포타미아와 이집트였다. 유리는 규소와 탄산칼슘, 탄산나트륨 등을 고온에서 녹인 뒤 급속히 냉각시켜 만들었는데, 모양이나 색상을 자유롭게 표현할 수 있었다. 유리에 관한 기록은 로마 정치가 플리니우스가 저술한 『박물지』에 최초로 등장한다. 플리니우스의 기록에 따르면, 어느 상인이 식사를 준비하기 위해 솥을 받쳐놓을 돌을 찾다가 결국 찾지 못하자 가지고 있던 소다 덩어리 위에 솥을 올렸다. 그러자 가열된 소다 덩어리와 강가의 모래가 결합돼 유리가 만들어졌다고 한다.

이렇게 만들어진 유리는 실크로드를 따라 중앙아시아와 중국, 우리나라까지 전해졌다. 그러므로 황남대총에서 출토된 유리

• 황남대총 출토 유리 제품(좌)과 경주 계림로 보검(우)

황남대총에서 출토한 유리 제품과 계림로 14호분에서 출토된 보검은 서역에서 실크로드를 따라 전해진 대표적인 유물이다. 이러한 유물은 당시 서역과 신라의 교류를 보여주는 중요한 증거가 된다.

제품은 글로벌 네트워크의 산물이라 할 수 있다. 실크로드를 따라 우리나라에 전해진 문물은 유리 제품만이 아니었다. 실크로드 서쪽 카자흐스탄의 보로보에 지역에서 단검이 발굴되었는데, 우리나라에서 발굴된 경주 계림로 보검과 양식이 유사하다. 신라 원성왕릉에는 한 쌍의 석상이 세워져 있다. 이 가운데 하나는 체구가 매우 크고 한 손에 무기를 들고 있는데, 우리나라에서 발견된 무인석과는 모습이 다소 다르다. 머리카락이 곱슬곱슬하고 눈이 크며 코도 상당히 높다. 한눈에 봐도 신라인이 아닌 서역인의 모습이다. 실크로드를 따라 서역으로부터 사람과 상품이 우리나라까지 이동한 것이다.

실크로드를 따라 이동한 천연두

실크로드를 따라 이동한 것은 과연 사람과 상품뿐일까? 사실 눈에 보이지 않는 것도 글로벌 네트워크를 따라 이동한다. 대표적인 것으로 전염병을 들 수 있다. 실크로드를 따라 여러 지역으로 퍼진 전염병의 예로는 165년에 로마제국에서 발생한 역병을 들 수 있다. 유럽 역사상 가장 넓은 영토를 지배한 로마제국은 이탈리아반도의 작은 도시에서 시작되었다. 로마는 원래 왕이 지배하는 왕정이었다가 정치권력을 분배하는 공화정으로 바뀌었다. 로마의 공화정은 귀족들이 권력을 독점하지 않고 균등하게 통치할 수 있도록 견제하는 제도였다. 하지만 더 많은 정치권력을 독점하기 위한 내전이 발생하면서 '아우구스투스'로 잘 알려진 옥타비아누스(재위: 기원전 27~기원후 14)가 권력을 잡았다. 이때부터 황제가 지배하는 제정이 시작되었다. '로마제국'이라는 명칭도 이 시기에 등장한다.

기원전 1세기 말 제국이 수립되면서 약 200년 동안 다섯 명

의 현명한 황제(일명 '오현제')가 지배하는 평화로운 시대가 이어졌
다. 역사학자들은 이 시기를 '로마의 평화(Pax Romana)'라고 부른
다. 평화가 유지될 수 있었던 것은 직계 자손이 아닌 현명한 사람
에게 황제의 자리를 물려주었기 때문이다. 2000년에 개봉된 영
화 〈글래디에이터〉는 황제가 전쟁터에서 군대를 지휘하는 장면
으로 시작한다. 그 황제는 오현제 중 마지막인 마르쿠스 아우렐
리우스(재위: 161~180)였다. 전임 황제인 안토니누스 피우스(재위:
138~161)의 양아들인 그는 자신과 함께 양아들로 입적된 루키우
스 베루스(재위: 161~169)와 공동 황제가 되었다.

165년에 로마에서는 치명적인 전염병이 발생했다. 당시 의학
수준으로는 어떤 전염병인지 명확하게 알지 못했기 때문에 역사
학자들은 이를 '역병'이라 불렀다. 18세기까지 '의학의 황제'로
군림한 그리스 의사 갈레노스조차 이 전염병이 무엇인지 명확하
게 규명하지 못했다. 당시 기록을 토대로 지금은 이 역병이 천연
두라고 추정하고 있다. 전염병이 처음 로마에서 발생한 시기는
셀레우키아전쟁 이후였다. 셀레우키아는 알렉산드로스대왕의
장군인 셀레우코스 1세가 세운 도시로, 메소포타미아와 페르시
아, 인더스강에 걸쳐 광범위한 영토를 다스렸다. 실크로드를 따
라 주변 국가와 교역도 빈번히 이루어졌다. 오늘날 이란에 해당

하는 파르티아가 셀레우키아를 점령하자 로마는 군대를 보내 셀레우키아에서 파르티아를 몰아냈다. 당시 파르티아 군대에는 천연두가 만연했는데, 이들과 접촉한 로마군도 천연두에 걸린 채 로마로 돌아왔다.

천연두바이러스가 일으키는 천연두는 고열과 수포(물집) 및 농포(피부병에 생기는 고름집) 등이 주된 증상이다. 전염성이 매우 강하며, 일정 기간 만연하다가 사라지고 다시 발생하는 주기가 인류 역사에서 반복되었다. 전 세계적으로 천연두로 인한 사망률은 전체 사망자의 약 10퍼센트 정도에 달했다. 19세기 영국 의사 에드워드 제너가 종두법을 발명한 이후 점차 감소했고, 1979년에 세계보건기구는 천연두를 지구에서 완전히 사라진 전염병으로 선언했다. 하지만 165년에 로마제국에서 천연두가 발생했을 때는 전염병의 종류나 원인, 치료법 등을 정확히 알지 못했다. 결국 수많은 사람이 별나든 치료를 받지 못한 채 죽어갔다. 당시 로마에서는 하루에 무려 2,000명이 사망하기도 했다. 로마제국 전체 사망자 수는 약 400만~500만 명에 달했는데, 이는 전체 인구의 약 3분의 1에 해당한다. 로마군 가운데 10퍼센트 이상이 사망하면서 이 전염병은 로마제국이 몰락하는 데도 상당한 영향을 미쳤다. 심지어 공동 황제인 루키우스 베루스도 이 전염병으로 사망했다고 전한다.

165년에 발생한 천연두는 무엇보다도 로마인들이 처음 접한 전염병이어서 매우 치명적이었을 것이다. 사실 천연두는 다른 지역에서 오랫동안 만연한 전염병이었다. 농경이 시작된 이후 사람들은 더 많은 생산물을 얻기 위해 소를 길들이기 시작했는데, 천연두는 소와 인간에게 공통으로 발생했다. 일찍부터 농경이 발달한 아프로-유라시아의 여러 지역에는 천연두와 관련된 기록이 남아 있다. 중국에서는 천연두에 걸리면 피부가 콩알처럼 부풀어 오르기 때문에 '두창(痘瘡)'이라는 용어를 사용했다. 인도에서는 천연두를 물리치는 질병의 여신 시탈라가 등장했다. 약 3,000년 전의 것으로 추정되는 이집트 미라의 얼굴에는 천연두 흉터가 남아 있다. 수천 년 전에 인도에서 처음 발생한 것으로 보이는 천연두는 중앙아시아에 살고 있던 훈족이 옮겨 다니면서 아프로-유라시아의 여러 지역으로 확산되었다. 그리고 수많은 도시와 지역을 연결하고 있던 글로벌 네트워크인 실크로드를 통해 로마까지 번졌다.

아프로-유라시아에 존재한 여러 제국들은 실크로드를 통해 서로 연결되어 있었다. 이 글로벌 네트워크를 따라 상인과 사신이 오갔고, 이들과 함께 비단이나 도자기, 차, 유리, 옥 등 수많

• **질병의 여신 시탈라**
아프로-유라시아의 여러 지역에는 천연두와 관련된 기록이 남아 있는데, 특히 인도에서는 천연두를 물리치는 질병의 여신 시탈라가 등장한다.

은 상품이 교환되었다. 게다가 다양한 정보와 사상도 실크로드를 통해 널리 확산되었다. 거점 도시들은 당시 지식의 허브였다. 인도에서 발생한 불교는 실크로드를 따라 동북아시아로 확산되었고, 우리나라는 중국을 통해 불교를 수용해 국가 통합의 사상

적 기반으로 삼았다. 하지만 치명적인 전염병이 실크로드를 따라 같이 이동하면서 당시 아프로-유라시아를 지배한 제국이 점차 쇠퇴하는 데 적잖은 영향을 미쳤다.

03

바닷길과 페스트

계절풍을 따라 생겨난 바닷길

앞서 말했듯이, 고대 세계를 연결하는 실크로드는 단일한 글로벌 네트워크가 아니다. 수많은 네트워크가 결합하고 중첩되어 있는데, 여기에는 '바닷길'도 포함된다. 바닷길은 이집트 북부에 있는 알렉산드리아로부터 홍해와 아라비아해를 거쳐 인도와 말라카해협을 지나 중국 광저우에 이르는 해로를 말한다. 중국의 비단이나 차, 도자기 등은 북쪽 육로를 통해 중앙아시아와 콘스탄티노플, 로마까지 이동했고, 남쪽 바닷길을 통해 서남아시아와 동남아시아로 이동했다. 물론 중국의 상품만 바닷길을 이용한 것은 아니다. 향신료는 바닷길을 통해 동남아시아에서 중국으로 이동한 대표적인 상품으로 꼽힌다.

향신료는 음식에 맛과 향을 더하는 일종의 조미료다. 우리나라에서는 향신료로 마늘이나 고추, 파, 생강 등을 주로 사용한다.

전 세계적으로 애용하는 향신료의 종류는 훨씬 다양한데, 가장 대표적인 향신료로 후추를 들 수 있다. 인도에서 처음 재배된 후추는 향이 강하고 피페리딘이라는 성분이 들어 있어 육류의 좋지 않은 냄새를 없애준다. 따라서 식품을 신선하게 보존하는 기술이 발달하지 못한 시대에 후추는 육류의 맛과 향을 더해주는 중요한 향신료였다. 우리나라에서 후추는 주로 약용으로 사용되었다. 17세기 초에 편찬된 『동의보감』에는 후추가 '성질이 따뜻하고 독이 없기 때문에 풍과 냉을 제거하는 데 효과적이며, 신장과 혈기를 돋운다'라고 기술되어 있다.

일부 기록에 따르면, 유럽인에게 처음 후추가 알려진 시기는 기원전 4세기 무렵이라고 한다. 당시 주변의 일부 지역과 연결된 교역로를 통해 인도의 후추가 전해졌는데, 가격이 너무 비싸 쉽게 구할 수 있는 상품이 아니었다. 11세기 무렵 이탈리아반도에서는 베네치아와 피렌체, 밀라노, 제노바가 교역의 중심지였다. 특히 베네치아는 늪지대가 많아 지리적 조건이 농경에 적합하지 않고 별다른 천연자원도 없었다. 도시가 생존할 수 있는 유일한 방법은 교역뿐이었다. 베네치아 상인들은 비잔티움제국과 이슬람제국을 서유럽의 국가들과 연결하는 교역로를 개척하기 시작했다. 유럽의 다른 지역에서도 직접 아시아와 교역하려는 사람들이 등장했다. 이탈리아와 콘스탄티노플이 중심인 지중해 교역에서 오랫동안 배제된 사람들이었다. 이들은 인도양을 가로질러 향신료의 원산지인 인도와 인도네시아로 가고자 했다.

오래전부터 이집트와 아라비아반도, 인도에서 많은 사람과 상품, 사상과 종교가 이동했다. 하지만 대부분의 사람들은 이집트에서 홍해를 따라 아라비아반도로 이동했다가 육로로 오늘날 이란과 파키스탄을 거쳐 인도에 도착하는 항로를 이용했다. 약

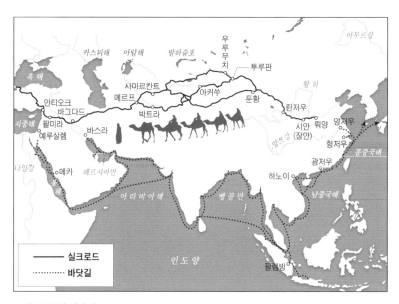

• **실크로드와 바닷길**
  실크로드는 육로를 통해 중국과 로마를 연결한 글로벌 네트워크였다면, 바닷길은 유럽과 아프리카, 인도와 동남아시아를 연결한 글로벌 네트워크였다.

제1장 아프로-유라시아 네트워크와 진염병

8,000킬로미터에 달하는 이 경로를 지나가려면 꼬박 넉 달 이상 걸렸다. 그런데 이미 기원전 1세기 무렵 그리스 항해사 히팔루스가 중요한 사실을 발견했다. 그는 아프리카 동쪽 지역으로 이동하는 이슬람 상인으로부터 인도양에서 부는 바람의 특징을 들었다. 이슬람 상인들은 금이나 곡식을 싣고 이집트에서 인도로 이동했고, 인도에서 재배되는 후추를 이집트로 가지고 돌아왔다.

이슬람 상인 덕분에 히팔루스는 매년 일정하게 11월부터 3월까지 북동풍이 불고, 5월부터 9월까지는 남서풍이 분다는 사실을 알게 되었다. 이 바람의 성격을 잘 이용하면 아라비아반도에서 육로를 통해 이동하지 않고 바닷길로 인도에 도착할 수 있다고 생각했다. 예를 들어 겨울철에는 인도에서 아프리카 쪽으로 바람이 불기 때문에 이 바람을 이용해 인도에서 후추를 싣고 이집트로 이동하면 된다. 반대로 여름철에는 아프리카에서 인도 쪽으로 바람이 불기 때문에 금을 비롯한 다양한 상품을 싣고 인도로 이동하면 된다. 이러한 계산에 따라 히팔루스는 직접 홍해에서 인도양을 가로지르는 항해를 시작했는데, 놀랍게도 40여 일 만에 인도에 도착했다. 4개월 이상 걸린 기존의 경로와 비교하면 엄청난 시간 절약이 아닐 수 없다.

바람의 방향과 성질을 이용한 새로운 항로 덕분에 상인들은 엄청난 이익을 축적할 수 있었다. 히팔루스가 이슬람 상인으로부터 전해 들은 이 바람이 바로 '계절풍'이다. 여름과 겨울에 방향이 바뀌는 계절풍은 대륙과 해양의 온도 차이로 발생한다. 여름에는 육지가 바다보다 온도가 높고 겨울에는 바다가 육지보다 온도가 높다. 상대적으로 온도가 높은 지역에서는 공기가 위로 올라가 기압이 낮고, 온도가 낮은 지역에서는 공기가 아래로 내려가 기압이 높다. 공기는 기압이 높은 곳에서 낮은 곳으로 움직이는데, 이와 같은 공기의 움직임이 곧 바람이다. 따라서 여름에는 고기압인 바다에서 저기압인 육지로 바람이 불고, 반대로 겨울에는 고기압인 육지에서 저기압인 바다로 바람이 분다. 사람들은 이러한 계절풍을 '히팔루스 계절풍'이라고 불렀다.

계절풍을 이용한 바닷길은 오랫동안 이슬람제국이 독점했다. 하지만 일부 유럽인들도 이 계절풍에 관심을 가지기 시작했다. 이들은 육로가 아닌 바닷길을 통해 인도에서 재배되는 후추를 유럽으로 가져오고자 했다. 향신료를 향한 유럽인들의 열망 덕분에 유럽과 아프리카, 인도와 인도네시아를 연결하는 바닷길 항해가 다시 시작되었다. 그렇다면 바닷길은 향신료 공급 외에 인류 역사에 어떤 영향을 미쳤을까? 실크로드가 육로를 통해 중국과 로마를 연결한 광범위한 글로벌 네트워크였다면, 바닷길은 유럽과 아프리카, 인도와 동남아시아를 연결하는 글로벌 네트워크였다. 실크로드와 마찬가지로 바닷길을 통해서 수많은 사람이 이동할 뿐 아니라 상품의 교역이 이루어지고 지식과 사상이 교환되며 종교가 전파되었다. 그렇다면 바닷길은 향신료 공급 외에 인류 역사에 어떤 영향을 미쳤을까?

바닷길, 페스트 전파의 주요 경로가 되다

실크로드를 따라 로마제국으로 비단과 차, 도자기 등 상품이 유입되고 치명적인 전염병도 함께 이동한 것과 마찬가지로, 바닷길도 전염병이 이동하고 확산하는 데 주요한 경로가 되었다.

기원전 1세기 말에 설립된 로마제국에는 여러 변화가 나타났는데, 이 가운데 종교의 변화가 두드러졌다. 원래 다신교를 믿는 로마제국에서는 기독교를 금지했다. 하지만 313년에 콘스탄티누스 황제가 기독교를 공인하면서 기독교는 급속하게 로마제국 전역으로 확산되었다. 콘스탄티누스 황제는 오늘날 이스탄불 지역에 새로운 수도인 콘스탄티노플을 세우고 로마제국의 통합을 강조했다. 이후 콘스탄티노플은 1,000년 이상 유럽의 경제와 종교, 문화의 중심지가 되었다. 역사의 중심이 점차 로마에서 콘스탄티노플로 이동하면서 395년 로마는 두 개의 제국, 즉 서로마제국과 동로마제국으로 분리되었다.

476년, 서로마제국이 나라를 지키기 위해 고용한 게르만 용병 집단에 의해 오히려 멸망하면서 동로마제국의 위상은 더욱 높아졌다. 로마제국이 세워진 이후에 여러 차례 공동 황제가 즉위했는데, 동로마제국의 전성기에도 마찬가지였다. 518년 당시 기준으로 매우 고령인 68세에 황제가 된 유스티누스 1세(재위: 518~527)는 자신의 조카를 내무대신으로 임명하고 정치를 맡겼다. 527년에 두 사람은 공동 황제가 되었고, 같은 해 유스티누스 1세가 사망하자 유스티니아누스 1세(재위: 527~565)가 후계자가 되었다. 그가 통치하는 동로마제국은 최전성기를 맞이했다. 가장 먼저 시작된 일은 법전 사업이었다. 로마법과 칙령을 모아 『로마법 대전』이라는 법전을 편찬했고 법학 교재를 만들었다. 이제 로마 시민들은 좀 더 분명한 기준과 원칙을 근거로 인간 사회에서 발생하는 수많은 사건에 효과적으로 대처할 수 있었다.

유스티니아누스 1세는 과거 로마제국의 영토를 회복하는 데도 많은 관심을 기울였다. 117년 로마제국을 통치한 황제는 트라야누스(재위: 98~117)였는데, 당시 로마의 영토는 역사상 최대 규모를 자랑했다. 동쪽으로는 카스피해, 서쪽으로는 잉글랜드까지 영향력을 미쳤고, 카르타고의 식민지인 아프리카 북쪽 지역까지 모두 로마제국에 속했다. 당시 로마제국에 속한 속주는 모두 47개였다. 속주와 로마를 효율적으로 연결하기 위해 로마제국은 약 8만 킬로미터에 달하는 도로를 정비했다. 당시 로마제국은 인간, 상품, 지식, 사상, 종교 등 모든 분야에서 세계의 중심이었다. "모든 길은 로마로 통한다"는 속담이 등장할 정도였다. 이후 황제가 된 하드리아누스(재위: 117~138)는 영토 팽창을 포기하고 변경 지역을 안정화하는 데 더 많은 관심을 기울여서 로마제국의 영토는 더 이상 확대되지 않았다.

유스티니아누스 1세는 게르만족인 북아프리카의 반달왕국과 이탈리아의 동고트왕국을 정복했다. 오늘날 스페인 톨레도 지역은 서고트왕국의 수도였는데, 유스티니아누스 1세는 이 지역을 비롯해 아프리카 북부와 시칠리아까지 로마제국의 영토를 확대시켰다. 페르시아와의 전쟁에서는 승리하지 못했지만, 평화조약을 체결함으로써 동로마제국은 유럽에 더 많은 관심을 두게 되었다. 최대 전성기에 로마제국의 영토를 거의 회복한 것이다. 이러한 영토 팽창은 동로마제국을 더욱 강력한 제국으로 만들었고, 동로마제국의 수도인 콘스탄티노플은 전 세계 모든 사람과 상품이 모여드는 글로벌 도시가 되었다.

그런데 541년 콘스탄티노플에서 치명적인 전염병이 돌았다.

전염병이 처음 발생한 지역은 이집트 북동부에 있는 펠루시움이었다. 당시 이집트를 비롯한 북아프리카의 여러 도시는 로마제국의 곡물 공급지였다. 약 1만 년 전 비옥한 초승달 지대에서 농경이 처음 시작된 이래 이집트에서는 주로 보리와 밀, 콩 등을 재배했다. 로마제국이 수립된 이후 황제를 대신해 이집트를 지배한 행정관들은 이집트 백성으로부터 생산물의 3분의 1을 거둬들여 로마로 보냈다. 270년 황제 아우렐리아누스(재위: 270~275)는 가난한 백성에게 곡물을 나눠주는 정책을 취했고, 이는 점차 무상으로 빵을 나눠주는 정책으로 확대되었다. 따라서 이집트에서 생산되는 밀은 로마제국을 부양하는 데 매우 중요했다.

펠루시움은 로마제국으로 곡물을 수송하는 항구도시였다. 곡물뿐만 아니라 이집트에서 생산되는 상아도 펠루시움에서 교역되었다. 다양한 상품을 교역하고 수송하기 위해 수많은 사람이 몰려들었기 때문에 이 도시에서 발생한 역병은 매우 치명적이었다. 오늘날 많은 학자가 펠루시움에서 발생한 역병을 '페스트'로 추정한다. 페스트균에 의해 감염되는 페스트는 야생에 사는 다람쥐나 들쥐에서 나타나는 전염병이다. 그리고 집쥐나 곰쥐가 인간에게 페스트균을 옮긴다. 곰쥐는 원래 인도와 파키스탄 지역에 살던 종인데, 바닷길을 항해하는 배를 통해 다른 지역으로

• 유스티니아누스 시대의 역병

유스티니아누스 시대에 역병이 돌 때 성 세바스티아누스가 역병에 걸린 사람을 위해 기도하고 있는 상면이다. 이 그림은 조세 리페랭스가 1497~1499년경에 그렸다.

확산되었다. 로마제국으로 곡물과 상아를 운반하던 펠루시움에도 곰쥐가 많이 살고 있었다. 이 곰쥐들은 배를 통해 로마제국의 중심지인 콘스탄티노플까지 이동했다.

콘스탄티노플의 페스트는 수많은 인명 피해를 낳았다. 동로마제국의 역사가 프로코피우스는 당시 상황을 이렇게 묘사했다.

콘스탄티노플에서 전염병이 몇 달 동안 계속 발생했는데, 이 가운데 석 달 정도가 매우 극심했다. 전염병이 심각했을 때는 하루에 사망자가 수천 명에 달했고, 가장 심했을 때는 1만 명 이상이 전염병으로 사망하기도 했다.

또 다른 역사가는 콘스탄티노플에서만 2년 동안 30만 명 이상이 사망했다고 주장한다. 사망자가 너무 많아 장례를 제대로 치르지 못하고 대량으로 매장하거나 시체를 내버려두는 경우가 허다했다. 오늘날 역사학자들은 동로마제국에서 이 전염병으로 사망한 사람의 수가 약 2,500만 명 이상이라고 추정한다. 실로 엄청난 숫자가 아닐 수 없다.

2014년 캐나다 연구팀이 흥미로운 연구 결과를 발표했다. 이 연구팀은 독일에서 유골 두 구를 발견하고 DNA를 분석했는데, 사망 원인이 541년에 아프리카에서 콘스탄티노플로, 다시 유럽 전역으로 확산된 전염병이었다. 연구팀은 게놈 해독 기술을 통해 이 전염병이 페스트라는 사실도 밝혀냈다. 동로마제국 전체에 확산된 전염병으로 열이 심하고 피부가 검게 변했다는 기록을 통해 이 전염병을 페스트라고 추정했는데, 과학적인 연구 성과로 더욱 명확하게 입증된 것이다. 541년에 동로마제국에서 처음 발생한 페스트는 아프로-유라시아에서도 빈번하게 발생하면서 인구 변화에 막대한 영향을 미쳤다.

페스트가 동로마제국에 미친 영향은 단순히 인구 감소에만 그치지 않았다. 당시 동로마제국 전체 인구의 약 4분의 1이 감소하면서 농경에 종사하는 사람 수가 급격하게 줄어들자, 농업 생산량도 급감했다. 실크로드와 바닷길을 통해 아프로-유라시아의 수많은 도시와 연결되면서 활발하던 교역도 중단되었다. 무엇보다도 군사력의 감소가 가장 치명적이었다. 유스티니아누스 1세는 로마제국 전성기의 영토 회복에 관심이 많았는데, 치명적인 전염병 때문에 정복 전쟁을 중단할 수밖에 없었다. 치명적인 페스트가 발생한 이후 동로마제국은 더 이상 아프로-유라시아에서 가장 강력한 제국이 될 수 없었다. 동로마제국이 점차 쇠락의 길을 걷는 동안 페스트가 영향을 미치지 않은 다른 지역에서 이슬람제국이 등장해 동로마제국을 위협하기 시작했다. 이후 이슬람제국과 동로마제국은 교역과 문화, 종교 등을 둘러싸고 오랫동안 잦은 전쟁을 벌였다.

몽골제국의 등장과 유럽의 흑사병

몽골이 유라시아에 대제국을 건설하다

1162년 오늘날 몽골고원과 시베리아가 인접한 지역에서 인류 역사상 가장 넓은 영토를 지배할 제국의 통치자가 태어났다. 다른 부족에게 아버지가 독살당한 이후 그의 가족은 사냥과 채집으로 겨우 목숨을 부지했다. 1178년 결혼했지만 한 달 만에 메르키트족에 의해 아내가 납치당했다. 메르키트족은 몽골고원 북부 지역부터 시베리아 동남쪽에 걸쳐 세력을 확장하고 있었다. 그는 납치당한 아내를 구하고자 다른 부족과 동맹을 맺고 전쟁을 벌였다. 점차 자신의 세력을 확대한 그는 몽골족을 비롯해 북방에 사는 유목민의 집회인 쿠릴타이에서 칸(몽골족이나 튀르크족, 만주족, 티베트족 등이 왕을 가리키는 칭호인데, 5세기 무렵 몽골고원을 지배한 유연에서 처음 사용한 것으로 추정된다)으로 추대되었다. 그는 몽골고원의 동북쪽으로 흐르는 케룰렌강 근처에 새로운 근거지를 만들고 활발한 정복 전쟁을 벌였다. 그는 바로 칭기즈칸(재위: 1206~1227)이었다.

13세기 초 칭기즈칸은 중국 북서부 지역을 지배하던 탕구트족을 정복하고, 당시 여진족이 세운 중국의 금나라도 정복했다. 나아가 러시아 남쪽 지역과 인도 북부 지역까지 점령했다. 몽골이 넓은 영토를 정복할 수 있었던 이유는 크게 두 가지다.

첫째, 몽골군의 주된 병력이 기마병이었기 때문이다. 이들은 초원 지역에 살던 말을 길들여 전쟁에 활용했는데, 당시 몽골군

· **칭기즈칸**
몽골제국의 제1대 왕인 칭기즈칸은 몽골 부족 전체를 통일하고 주변 지역을 정복해 대제국을 건설했다. 몽골이 넓은 영토를 정복할 수 있었던 대표적인 이유로 기마병과 관용 정책을 들 수 있다.

의 기마병은 약 10만 명 이상이었다. 말을 타고 창이나 활, 칼 등의 무기를 사용한 기마병은 보병보다 훨씬 강력했다. 더불어 유목 생활에 익숙한 몽골군은 쌀이나 물 등을 필요로 하는 농경 사회의 군대와는 달리 육포나 건조한 우유 등을 가지고 다니면서 전쟁을 치렀기 때문에 효율성이 훨씬 높았다. 둘째, 몽골의 관용 정책 때문이었다. 칭기즈칸은 전쟁에서 패해 포로가 된 사람들을 노예로 삼지 않고 종교의 자유를 인정해주었다. 이러한 정책 덕분에 더 많은 사람이 쉽게 몽골제국으로 흡수될 수 있었다.

로마제국에서 '팍스 로마나(Pax Romana)'라는 평화의 시대가 존재했다면, 몽골제국에서는 '팍스 몽골리카(Pax Mongolica)'라는 평화의 시대가 존재했다. 이 시대에는 무엇보다도 교역 활동이 활발했다. 중국으로부터 중앙아시아를 거쳐 유럽까지 이르는 실크로드를 따라 수많은 상인이 이동했는데, 이들의 이동은 과거와는 다소 달랐다. 인류 역사 속에 등장한 제국들은 넓은 영토를 효율적으로 통치하기 위해 도로를 정비했다. 로마제국에서는 "모든 길은 로마로 통한다"라는 말이 생길 정도로 도로를 체계적으로 건설했고, 페르시아제국에서는 다리우스 1세(재위: 기원전 522~기원전 486)가 수도로부터 제국의 서쪽 끝까지 2,700킬로미터에 달하는 '왕의 길'을 건설했다.

칭기즈칸과 그의 후계자들도 도로 건설에 관심이 많았는데, 30~40킬로미터마다 역참을 설치했다. 관리들의 말을 바꾸거나 상인들의 휴식 공간으로 활용된 역참은 이미 춘추전국시대부터 존재했지만, 몽골제국의 역참은 사람들에게 금이나 은, 나무로 된 패를 주고, 이에 따라 차별화된 서비스를 제공했다. 이른바 제국의 부호를 받으면서 이동할 수 있는 공간이었다.

칭기즈칸의 뒤를 이어 칸이 된 오고타이(재위: 1229~1241)는 유럽까지 세력을 확대했다. 궁극적인 목표는 동로마제국의 정복이었다. 1241년 몽골제국과 유럽 연합국 사이에 벌어진 전쟁에서 몽골제국의 기마병은 모스크바와 라이프니츠를 정복하고 빈으로 향했다. 하지만 오고타이의 급작스러운 죽음으로 몽골제국의 유럽 정복 사업은 중단되었다. 오고타이가 후계자를 지명하지 않고 사망했기 때문에 몽골제국은 일시적으로 정치가 혼란스러웠다. 하지만 1251년에 칸이 된 칭기즈칸의 손자 몽케(재위: 1251~1259)는 더욱 적극적인 영토 팽창 정책을 취했다. 유럽 정복보다는 아시아 정복에 더 관심이 많았던 몽케는 금나라에 이어 중국 본토를 지배하고 있던 송나라를 정복했고, 아라비아반도를 지배하고 있던 압바스제국도 점령했다. 이제 몽골제국은 중국 본토부터 러시아, 중앙아시아, 이란과 이라크에 이르면서 전 세계에서 가장 넓은 제국이 되었다. 몽케의 뒤를 이은 쿠빌라이칸 (1260~1294)은 국호를 원(元)으로 바꾸고 일본까지 점령하려 했지만, 태풍 때문에 성공하지는 못했다.

1300년경 유럽에서는 사람들의 이목을 끄는 책이 한 권 출판되었다. 1271년부터 1295년까지 중국을 비롯해 아시아의 여러 지역을 다녀온 베네치아 상인 마르코 폴로의 여행기였다. 여행에서 돌아온 그는 베네치아와 제네바 사이에 발생한 전쟁에서 포로로 잡혀 감옥에 갇혔는데, 당시 함께 감옥에 갇혀 있던 피사 출신의 작가 루스티첼로가 그의 이야기를 받아 적어 책으로 출간했다. 이 책은 『세계의 기술(Divisament dou Monde)』이라는 제목이 붙었지만, 우리에게는 『동방견문록』으로 더 잘 알려져 있다. 베네치아에서 출발해 아라비아반도와 중앙아시아를 거쳐 몽골 제국의 여름 수도인 상도에 도착한 마르코 폴로는 쿠빌라이칸을 만나 관직을 하사받고 17년 동안 중국에 머물면서 여러 곳을 여행했다. 처음 책이 출간되었을 때 많은 유럽인이 그를 허풍쟁이라고 생각했지만, 향신료를 비롯한 아시아의 상품에 관심이 많은 일부 사람들은 이 책을 동방 항해의 중요한 근거로 삼았다.

의도치 않게 전염병 확산에 기여한 몽골제국

몽골제국의 넓은 영토와 체계적인 도로는 교역이 활발해지는 데 중요한 요소가 되었다. 몽골제국의 도로망은 의도치 않게 부정적인 결과를 초래하기도 했는데, 바로 전염병의 확산이었다. 14세기 동안에 아프로-유라시아에서 가장 치명적인 전염병은 흑사병이었다. 흔히 '페스트'라고 부르는 흑사병은 원래 중국 남서부 지역의 윈난성에서 빈번하게 발생하던 풍토병이었다. 쥐를 숙주 동물로 삼아 기생하는 벼룩이 사람에게 흑사병을 옮기는데, 발열과 통증, 림프샘 부종 등의 증상이 나타난다. 몽골제국이 윈난성을 정복하면서 흑사병은 자연스럽게 몽골제국 내부로 이동하기 시작했다. 그 뒤로 상인들의 교역이나 활발한 정복 전쟁과 함께 몽골제국 근처의 여러 지역으로 흑사병이 퍼졌다.

몽골제국의 통치 기간에 처음 흑사병이 발생한 곳은 황허 유역의 허베이성이었다. 1331년에 처음 발생한 흑사병으로 당시 도시 인구의 90퍼센트가 사망했다. 치명적인 전염병을 통제하기 위해 허베이성에서는 삼나무 가지를 불태운 다음 그 연기로 도시를 소독하려고 했지만 별다른 효과가 없었다. 흑사병은 급속하게 다른 지역으로 확산되었다. 남쪽으로는 중국 남부 지역의 광둥성까지, 북쪽으로는 중앙아시아 지역까지 퍼져나갔다. 특히 초원 지대인 중앙아시아는 흑사병이 급속히 확산하는 데 적합한 조건이어서 전염병은 순식간에 몽골제국 전역과 인접한 지역까지 널리 퍼졌다.

1346년 몽골 군대는 제노바공화국의 카파를 포위했다. 흑해 연안에 있는 카파는 러시아에서 잡아온 사람들을 이집트에 팔아넘기는 노예무역이 번성했다. 공격 명령만 기다리고 있던 몽골 군대에 갑작스럽게 흑사병이 발생해 수많은 사람이 목숨을 잃었다. 유스티니아누스 1세 시대에 콘스탄티노플을 비롯해 동로마제국에 만연했던 페스트처럼, 이번에도 모두 매장할 수조차 없을 정도로 많은 사람이 죽었다. 결국 몽골 군대는 퇴각할 수밖에 없었다. 그런데 퇴각하기 전 몽골군은 흑사병으로 사망한 사람들의 시신을 투석기를 이용해 카파 성안으로 던졌다. 포위된 채 수많은 사람이 몰려 있는 도시는 치명적인 전염병이 확산되기에 매우 적합한 조건이었다. 흑사병이 카파에 급속하게 확산되자 많은 사람이 도시를 버리고 다른 지역으로 이동했지만, 전염병에 감염된 쥐들도 사람과 함께 이동하기 시작했다.

카파를 기점으로 유럽으로 번진 흑사병은 1340년대 말에 절정에 달했다. 어느 지역에서 시작되었는지, 전염병의 발생 원인은 무엇인지, 그리고 어떤 치료법이 효과적인지 전혀 알지 못했던 유럽인들 사이에서 흑사병은 말 그대로 공포의 대상이었다. 어떤 사람은 신이 탐욕스러운 인간에게 주는 벌이라고 주장했는데, 그 결과 '채찍질 고행'이 유럽인들 사이에서 만연했다. 예전부터 교회에서는 금욕을 위한 참회의 수단으로 채찍을 사용했다. 채찍질 고행은 유럽의 여러 도시를 돌아다니면서 사람들 앞에서 채찍질을 통해 인간의 죄를 고백하고 신으로부터 용서를 받기 위한 일종의 집회였다. 하지만 살점이 떨어지고 피투성이가 되는 채찍질 고행에도 불구하고 사람들의 기대처럼 흑사병은 쉽사리 사라지지 않았다.

흑사병, 유럽 전역을 휩쓸어버리다

흑사병을 '신이 내린 벌'이라고 생각한 일부 사람들은 전염병 발생의 원인으로 유대인을 지목하기도 했다. 오늘날처럼 의학 지식이 발달하지 못한 시대에는 비이성적인 선입견이 특정 집단을 희생양으로 삼았다. 흑사병이 만연한 1340년대 유럽에서는 유대인이 우물에 독을 풀어서 전염병이 발생했다는 근거 없는 소문이 나돌기 시작했다. 결국 많은 지역에서 유대인은 거센 비난을 받았고, 급기야 유대인에 대한 방화와 살인도 빈번하게 발생했다. 1348년 교황 클레멘스 6세가 유대인을 보호하는 교서를 발표해 폭력을 금지했지만 별다른 효과는 없었다.

독일과 프랑스는 오랫동안 영토 전쟁을 벌였는데, 그 중심에는 알자스 지방이 있었다. 지금의 스트라스부르에서 살던 기독교도들은 유대인들에게 우물에 독을 탔다는 죄를 뒤집어씌워 유대인을 공동묘지로 데려갔다. 거기서 사람들이 모여 있는 가운데 즉결재판을 진행했다. 이 지역에서 흑사병의 원인으로 지목

· 화형당하는 유대인
유럽에서는 기독교도들이 흑사병의 원인으로 유대인을 지목하고 화형에 처했다. 당시 유럽에 만연한 반유대주의를 제대로 보여주는 근거다.

받아 살해당하거나 추방당한 유대인은 수천 명에 달했다. 이들에게 유대교를 버리고 기독교로 개종할 것을 강요하기도 했다. 개종을 거부한 사람들은 화형에 처했는데, 당시 화형을 당한 유대인들은 약 2,000명 이상이었다. 이러한 점에서 흑사병은 당시 유럽에 만연한 반(反)유대주의를 더욱 구체적으로 드러내는 계기이기도 했다.

유럽 여기저기서 거리에는 시신들이 가득 쌓였는데, 그 사이로 특이한 복장을 한 사람들이 지나다녔다. 새 부리처럼 길게 튀어나온 가면을 쓰고 긴 가운을 입었다. 모자를 쓰고 장갑을 낀 채 긴 막대기로 시신들을 뒤집어 보는 이들은 바로 의사였다. 마스크에는 향신료나 식초를 묻힌 헝겊을 넣었고, 눈 부분에는 유리를 넣었다. 흑사병의 원인을 밝혀내지 못했기 때문에 당연히 효과적인 치료법도 없었다. 의사들이 할 수 있는 일은 환자로부터 최대한 거리를 두는 것뿐이다. 요즘 말로 '사회적 거리 두기'나. 이처럼 근대 의학이 발전하기 전에는 치명적인 전염병이 발생하면 환자를 격리하는 것이 최선의 방법이었다. 흑사병이 만연한 시기에 유럽에서는 집에 틀어박혀 있거나 가족을 버리고 산속으로 도망가는 사람들이 늘어났다. 당시 이탈리아 작가 지오바니 보카치오가 쓴 『데카메론』도 치명적인 흑사병을 피해 별장으로

- **새 부리 가면을 쓴 의사**

  유럽에서 흑사병이 만연했을 때 환자를 진료하기 위해 거리에 등장한 의사다. 모자와 새 부리 가면을 쓰고 긴 가운과 장갑을 착용한 이 의사는 '닥터 쉬나벨'이라고도 불린다.

도망간 10명의 남녀가 이야기를 들려주는 일종의 풍자소설이다.

흑사병을 통제하기 위한 검역도 시행되었다. 흑사병이 만연한 기간에 이탈리아의 여러 도시에서 선박을 40일 동안 항구 밖에 격리한 것으로부터 검역이 유래한다. 검역 기간 동안 허브를 태운 향으로 선박에 탑승한 사람이나 상품을 소독하기도 했다. 허브의 강한 향이 전염병을 물리치는 데 효과적이리고 생각했기 때문이다. 하지만 별다른 효과가 없자 오히려 현실을 즐겨야 한다고 생각하는 사람들이 나타나기 시작했다. 1990년 국내에 개봉한 영화 〈죽은 시인의 사회〉에는 키팅 선생(로빈 윌리엄스 분)이 좋은 대학이나 직장을 가기 위해 현재의 즐거움을 포기한 학생들에게 '카르페 디엠(carpe diem)'을 강조한다. '지금 이 순간에 충실하라'는 뜻의 라틴어다. 사실 '카르페 디엠'은 1340년대 흑사병이 만연한 유럽에서 유래된 말이다. 아침에 눈을 뜨면 사람들이 죽어 나가던 상황 속에서 남겨진 하루를 의미 있게 보내자는 뜻으로 서로에게 해주는 인사말이었다.

흑사병이 유럽 사회에 미친 영향은 실로 엄청났다. 1330년대 처음 흑사병이 발생한 몽골제국에서도 수천 명에 달하는 사람들이 사망했지만, 당시 유럽에서는 전체 인구의 3분의 1이 흑사병으로 사망했다. 어떤 역사가는 흑사병으로 유럽에서 사망한 인구가 2억 명 이상이라고 주장하기도 한다. 농촌과 도시에서는 모두 노동력이 부족했다. 성직자도 흑사병에서 벗어날 수 없었다. 성직자의 수가 줄어든 로마가톨릭교회는 더 이상 유럽 사회에서 가장 강력한 집단이 아니었다. 치명적인 전염병은 어떤 이에게는 또 다른 기회가 되기도 했다. 흑사병으로부터 살아남은 노동자는 몸값이 점차 높아졌다. 군인도 마찬가지였다. 흑사병은 십자군전쟁과 더불어 1,000년 이상 유럽을 지배한 교회가 붕괴되는 직접적인 원인이었다. 영주나 제후는 교회의 간섭과 구속에서 벗어나 자신의 권력을 확대해나갔고, 이는 결국 새로운 형태의 국가가 탄생하는 데 중요한 토대를 제공했다.

제2장

아메리카 네트워크의 결합과 전염병

01

유럽인의 아메리카 이주와 천연두

콜럼버스보다 500년 앞선 에릭손

미국에서 매년 10월 두 번째 월요일은 '콜럼버스 데이'로 지정되어 있다. 1492년 10월 12일 이탈리아 제노바 출신의 탐험가 크리스토퍼 콜럼버스가 아메리카에 도착한 것을 기념하는 날이다. 1792년 뉴욕의 이탈리아 헤리티지에서 처음 기념했기 때문에 아직도 가장 큰 행사는 뉴욕에서 열린다. 그런데 최근 미국 사회에서 '콜럼버스 데이'가 큰 논쟁거리가 되고 있다. 콜럼버스가 아메리카에 도착한 이후 발생한 일들을 살펴보면 아메리카 원주민에게 이날은 결코 축복할 수 없는 날이라는 주장이 제기되고 있기 때문이다. 유럽인이 아메리카로 이주하기 전까지 아메리카 원주민은 자연과 공존하며 살고 있었다. 그런데 유럽인의 이주 이후 원주민들은 삶의 터전에서 쫓겨났고 백인들과 영토 전쟁을 벌여야 했다. 결국 수많은 아메리카 원주민이 멸종하거나 백인이 만들어놓은 보호 구역에 갇혀 살았다. 콜럼버스 데이는 원주민에게 파멸과 멸종의 날이나 다름없다.

지금까지 아메리카를 발견한 사람이 콜럼버스라고 주장하는 역사가들이 많았다. 그러나 너무나 잘못된 주장이다. 15세기 말 유럽인이 아메리카로 이동하기 전에 이미 아메리카에는 약 3,000만 명에 달하는 원주민이 살고 있었다. 이 가운데는 인구가 500만~600만 명 정도 되는 잉카제국과 아즈텍제국도 존재했다. 15세기 중반 안데스 지역의 여러 부족이 통합되면서 세워진

• **마추픽추**
콜럼버스가 아메리카에 도착하기 전에 이미 대륙에는 거대한 제국들이 세워져 있었다. 대표적으로 잉카제국을 꼽을 수 있는데, 성곽 도시인 마추픽추를 통해 발달한 제국의 문명을 엿볼 수 있다.

잉카제국은 남북으로 약 4,000킬로미터에 이르는 지역을 지배했다. 특히 석조 건축 기술이 매우 발달했다. 오늘날 페루 중남부 안데스산맥에 남아 있는 마추픽추는 잉카제국의 대표적인 도시 가운데 하나다.

다른 문명과 달리 잉카제국에는 바퀴가 존재하지 않았다. 수렵·채집 시대에 말을 비롯한 대형 동물을 모두 잡아먹어 멸종하는 바람에 수레를 끌 수 있는 짐승이 없었다. 그래서 바퀴가 발달하지 못한 것으로 추정된다. 하지만 마추픽추는 수십 킬로미터 떨어진 곳에서 20톤 이상의 돌을 가져와 한 치의 오차도 없이 신전과 궁궐, 거주지를 만들었다.

오늘날 멕시코 중앙 고원 지역에 존재했던 아즈텍제국은 천문과 역법이 매우 발달했다. 10세기부터 12세기까지 멕시코 중부 지역을 지배한 톨텍족으로부터 수용한 기술이었다. 이들은 세상을 네 개의 구역으로 나누고, 최고신인 오메테오들이 태양으로 변해 이 세상에 변화와 갈등, 진화를 가져다준다고 믿었다. 아즈텍제국에서는 태양이 소멸하고 우주가 멸망하는 것을 막기 위해 인간의 피와 심장을 바치는 관습이 유행했다. 이를 위해 끊임없는 정복 전쟁을 벌여 포로를 잡아와 신을 위한 제물로 바쳤다. 일부 역사가들에 따르면, 아즈텍제국에서 제물로 바쳐지는 포로는

1년에 약 2만 명 정도였다고 한다. 이러한 관습은 신에 대한 숭배 의식인 동시에 왕의 막대한 권력을 과시하는 도구였다.

1492년에 콜럼버스가 아메리카를 발견했다는 주장은 잉카제국이나 아즈텍제국과 같은 막대한 부와 기술, 권력을 가진 국가의 존재 자체를 부정하는 행위다. 게다가 콜럼버스는 아메리카에 도착한 최초의 유럽인도 아니었다. 아메리카에 두착한 최초의 유럽인은 바이킹이었다. 바이킹은 오늘날 노르웨이나 스웨덴이 위치한 스칸디나비아반도에 살다가 인구문제와 식량문제로 9세기 말부터 유럽의 여러 지역으로 이동했다. 일부는 러시아로 이동해 키예프대공국을 세웠고, 또 다른 일부는 프랑크와 잉글랜드로 이동해 노르망디공국을 세웠다. 정착하지 못한 바이킹은 주로 해적질을 하면서 생계를 유지했는데, 이들은 특히 선박 제조 기술이나 항해 기술이 뛰어났다. 바이킹의 선박은 선체의 폭이 좁고 길이가 길었으며, 깊지 않은 바다에서 쉽게 항해할 수 있도록 높이가 낮았다. 사각형의 돛을 달았고, 뱃머리에 용이나 뱀의 머리 조각으로 장식했다.

에릭손이 이끄는 바이킹이 바다를 건너 새로운 땅에 도착했는데,
이 지역을 빈란드라고 부르고 머물러 살았다.

이 내용은 수백 년 동안 아이슬란드 사람들 사이에서 구전으로 전해 내려왔다. 1961년 캐나다 뉴펀들랜드 해안에 있는 랑즈오 메도우즈에서는 집터와 유물이 발견되었다. 방사성 탄소 연대 측정 결과 10세기 무렵의 것으로 추정된다. 빨강 머리 에리크는 살인죄로 아이슬란드에서 추방되어 가족들과 함께 대서양을 건너 육지에 도착했다. 이후 350여 명의 바이킹이 이곳으로 이주했는데, 바로 오늘날의 그린란드다. 11세기 초 빨강 머리 에리크의 아들인 레이프 에릭손은 노르웨이에 가서 기독교로 개종하고 돌아오던 중 빈란드를 발견하고 이곳에 정착했다. 하지만 이들의 정착 생활은 그리 오래가지 못했다. 3년쯤 지나 당시 그 지역에 살고 있던 아메리카 원주민인 스크랠링 부족에게 쫓겨났기 때문이다. 이후 1492년에 콜럼버스가 이주할 때까지 아메리카에는 유럽인이 존재하지 않았다.

콜럼버스 이후 유럽인의 아메리카 이주

콜럼버스의 항해는 처음부터 목표가 분명했다. 마르코 폴로의 『동방견문록』으로부터 많은 영향을 받은 콜럼버스는 인도산 향신료를 가져와 유럽에서 비싸게 팔아 부자가 되고자 했다. 이러한 목표를 위해 콜럼버스는 선박 제조 기술과 항해 기술이 발달한 포르투갈 국왕 주앙 2세(재위: 1481~1495)를 방문했다. 이미 15세기 초부터 포르투갈은 엔히크 왕자가 바닷길을 통해 인도와 후추를 교역할 필요성을 강조하면서 아프리카 서부 해안 지역을 식민지로 삼았다. 바로 오늘날 모로코 서쪽에 있는 마데이라제도다.

엔히크 왕자는 항해술을 발전시키기 위해 중국이나 이슬람 등 여러 지역의 지식을 적극적으로 수용했다. 예를 들어 중국에서 발명된 나침반이나 이슬람에서 이용하던 삼각돛을 사용했다. 이후 포르투갈은 아프리카 남해안에서 인도양 쪽으로 돌아서 갈 수 있는 희망봉을 발견하면서 인도 항해에 더욱 박차를 가했다. 따라서 주앙 2세에게 콜럼버스의 제안은 그리 매력적이지 않았다. 이미 자신들이 인도 항해를 시작하려 했기 때문에 굳이 다른 사람을 후원할 필요가 없었던 것이다.

주앙 2세에게 거절당한 콜럼버스는 스페인으로 건너갔다. 당시 스페인은 카스티야와 아라곤, 그라나다, 나바라 네 개의 왕국으로 분열되어 있었는데, 아라곤 왕국의 페르난도와 카스티야 왕국의 이사벨이 결혼하면서 두 왕국은 자연스럽게 통합되었다. 이 가운데 그라나다는 오랫동안 이슬람제국의 지배를 받았다. 750년 아바스 가문이 반란을 일으켜 우마이야왕조가 몰락하고,

그 후손은 이베리아반도로 피신했다. 이들은 알 안달루스를 세우고 코르도바를 수도로 삼았다. 이후 북아프리카 교역을 독점하면서 정치와 경제, 문화의 중심지로 부상했다. 하지만 점차 분열되면서 1212년 가톨릭 연합군에 패했고, 이후 가톨릭 세력은 이베리아반도를 재탈환하는 것에 관심을 가졌다. 결국 1492년 1월 2일 그라나다 왕국이 점령당하면서 이베리아반도의 이슬람 세력은 사라지고 말았다.

그라나다 왕국을 통합한 이사벨 여왕은 포르투갈처럼 인도와의 교역을 통해 막대한 부를 얻고자 했다. 여왕은 콜럼버스의 제안을 받아들여 세 척의 배와 120여 명의 선원을 후원해주었다. 콜럼버스는 여왕에게 인도에서 향신료를 가져오겠다고 약속했고, 그 대가로 식민지 총독 자리와 전체 이윤의 10퍼센트를 확답받았다. 1492년 8월 3일, 콜럼버스는 오늘날 스페인 남서부에 있는 '팔로 데 라 프론테라'를 출발했다. 10월 12일 새벽 2시에 드디어 육지를 발견했고, 스페인 국기를 꽂은 다음 성스러운 구세주라는 뜻의 '산살바도르'라고 불렀다. 오늘날 쿠바 동북쪽 카리브해에 있는 바하마에 해당한다. 이곳에서 콜럼버스가 만난 사람들은 아메리카 원주민인 아라와크족이었다. 하지만 자신이 도착한 곳이 인도라고 생각한 콜럼버스는 이들을 '인디언'이라고 불렀다. 따라서 아메리카 원주민을 가리키는 인디언이라는 말은 엄밀히 따지면 잘못된 명칭이다.

콜럼버스 일행은 향신료를 찾기 시작했지만 쉬운 일은 아니었다. 콜럼버스는 일지에 '금장식을 한 원주민을 만났는데, 이들로부터 섬의 서쪽에서 금이 가득한 황금 항아리를 가진 왕이 있다는 이야기를 들었다'고 기록했다. 이와 같은 일기 내용을 사람들에게 공개하면서 세 차례 더 항해했다. 콜럼버스의 제2차, 제3차 항해에 동행한 어느 탐험가는 1년 동안 달과 행성의 위치를 알려주는 천체력을 가지고 있었다. 베네치아 남서쪽에 있는 페라라에서는 8월 중순의 자정에 달과 화성이 겹쳐 보이지만, 자신이 있는 위치에서는 자정이 아니라 5시 30분에 달과 화성이 겹쳐 보인다는 기록을 남겼다. 당시 일부 탐험가들은 지구의 둘레가 약 3만 8,000킬로미터이며 한 번 회전하는 데 24시간이 걸린다는 프톨레미이오스의 재산을 믿었다. 그 탐험가는 사신의 시차 계산에 따라 콜럼버스가 항해하는 곳이 인도가 아니라는 사실을 알게 되었다. 그 탐험가가 바로 아메리고 베스푸치다. '아메리고'라는 이름에서 '아메리카'라는 지명이 유래되었다는 설도 있다.

총칼보다 무서운 천연두의 습격

콜럼버스의 항해 이후 수많은 유럽인이 아메리카로 이동하기 시작했다. 1519년 스페인 병사 500여 명이 멕시코 유카탄반도에 도착했다. 이 지역에서는 기원전 수세기 전부터 케찰코아틀이라는 신을 믿어왔다. 케찰코아틀은 우주를 만든 신 가운데 하나이며, 인간과 옥수수를 창조한 신이기도 하다. 일반적으로 날개가 달린 뱀의 모습을 하고 있는데, 당시 멕시코 원주민들은 케찰코아틀이 인간의 모습으로 환생할 때 흰 피부에 검은 머리카락을 가진 모습으로 나타날 것이라고 믿었다. 처음 스페인군을 목격한 원주민은 그들이야말로 신화 속에 전해 내려오는 신의 환생이라고 생각했다. 당시 아즈텍제국을 지배한 몬테수마 2세(재위: 1504~1520)는 스페인 병사들에게 귀한 선물을 주었다. 그래서 에르난 코르테스와 스페인 병사들은 아즈텍제국에 금이 많다고 생각했다. 스페인군은 당시 강력한 무기인 화승총과 대포로 무상한 군대였다. 이들에게 가장 중요한 목표는 스페인으로 가져갈 많은 금이었다.

몬테수마 2세가 보낸 전사들의 호위를 받으며 아즈텍제국의 수도인 테노치티틀란에 도착했을 때 코르테스와 스페인 병사들은 눈이 휘둥그레졌다. 이 도시는 멕시코분지의 텍스코코호수

위에 떠 있는 섬에 만들어져 있었는데, 스페인의 어느 도시보다
크고 화려했다. 이 도시는 스페인 사람들의 욕망을 부채질하기
에 충분했다. 궁전에서 극진한 대접을 받은 코르테스는 갑자기
돌변해 몬테수마 2세를 포로로 잡더니 몸값으로 금을 요구했다.
아즈텍제국의 황제는 막대한 금을 가져다주었다. 코르테스는 이
금을 스페인으로 보냈고 더 많은 것을 요구하기 시작했다. 여기
에는 기독교로 개종할 것도 포함되어 있었다. 스페인 병사들의
지나친 요구에 분노한 수천 명의 아즈텍 백성들이 왕궁을 포위
했다. 코르테스의 협박을 받은 몬테수마 2세는 직접 백성들 앞에
나타나 해산할 것을 요구했다. 하지만 화가 난 군중은 돌을 집어
던지기 시작했는데, 아이러니하게도 백성들이 던진 돌에 황제가
맞아서 죽었다. 이 모습을 지켜보던 코르테스와 스페인 병사들
은 멕시코시티에서 동남쪽으로 100킬로미터 정도 떨어진 틀락
스칼라로 후퇴했다.

스페인과 틀락스칼라 연합군은 다시 테노치티틀란을 공격했
다. 성은 무려 15주 동안 포위되었다가 결국 스페인 군대에 점령
당했다. 많은 역사가가 화승총이나 대포 같은 근대식 무기 덕분
에 스페인이 아즈텍제국을 정복할 수 있었다고 서술한다. 그런
데 또 다른 해석도 있다. 당시 성안에서는 끔찍한 일이 발생하고

있었다. 스페인 사람들이 의도하지 않았지만 그들과 함께 이동한 전염병이 아즈텍제국 백성들 사이에서 돌고 있었다. 이 전염병은 천연두였다. 이미 오래전부터 아프로-유라시아에서는 농경이 시작된 이후 동물과 인간이 함께 걸리는 전염병들이 만연했는데, 천연두는 그중 하나였다. 하지만 아프로-유라시아와는 다른 방식으로 농경이 시작된 아메리카에는 천연두가 존재하지 않았다. 165년 로마제국에서 천연두가 처음 경험하는 치명적인 전

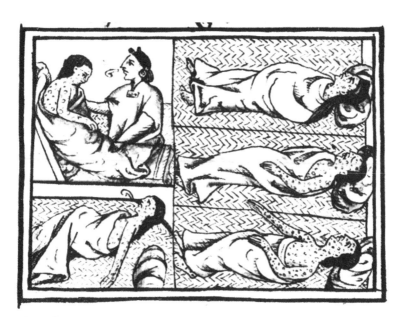

• 천연두 환자
스페인이 멕시코를 정복한 이후 천연두가 만연했다. 이 그림은 아메리카 원주민인 나후아족이 천연두에 걸린 모습을 묘사한 『플로렌티아의 서』 제12권의 삽화다.

염병이었던 것처럼, 아즈텍제국도 천연두를 처음 경험했다. 전체 인구의 4분의 3이 천연두와 그 합병증으로 사망했다. 결국 스페인은 근대식 무기나 군대가 아닌 '전염병'으로 아즈텍제국을 멸망시킨 것이다.

1532년에도 비슷한 사건이 발생했다. 스페인 탐험가 바스코 발보아는 1513년 파나마해협을 횡단하면서 유럽인 최초로 대평양을 발견했다. 이후 포르투갈 선장인 페르디난드 마젤란이 항해하면서 이 바다에 '태평양'이라는 이름을 붙였다. "저 산 너머에 큰 바다가 있는데, 그 바다로 흘러드는 강에는 금이 가득하다"는 어느 원주민의 말을 믿은 발보아는 황금의 땅을 찾기 위해 200여 명의 스페인 병사와 약 800명의 원주민을 데리고 원정을 떠났다. 발보아 원정에 참여한 스페인 병사 피사로는 파나마의 관리가 되었는데, 어느 날 잉카제국에 대한 이야기를 듣게 되었다. 그는 스페인 국왕에게 엄청난 금과 은을 약속하면서 원정을 요청했다.

1532년 피사로는 평화 교섭을 가장한 채 잉카제국의 황제인 아타우알파(재위: 1525~1533)를 만나게 되었다. 그는 별다른 무장을 하지 않은 채 나타난 황제를 인질로 사로잡고 황제의 몸값으로 엄청난 양의 금과 은을 요구했다. 결국 황제는 피사로에 의해 처형되고 말았다. 당시 잉카제국은 피정복민의 저항과 통치 가문들의 경쟁으로 반란이 빈번했다. 이러한 정치적 혼란을 틈타 피사로는 200명이 채 되지 않는 군대로 잉카제국을 정복할 수 있었다. 하지만 스페인의 잉카제국 정복도 궁극적으로 전염병 덕분이었다. 피사로가 잉카제국에 도착했을 때 이미 천연두가 기승을 부리고 있었다. 치명적인 전염병은 멕시코의 테노치티틀란부터 중앙아메리카를 지나 안데스 지역까지 확산되었다.

15세기 말 콜럼버스가 아메리카에 도착한 이후 30~40년 동안 유럽인이 아메리카로 이동하면서 수많은 전염병이 아메리카 원주민에게 치명적인 영향을 미쳤다. 천연두와 홍역, 인플루엔자, 페스트, 티푸스, 디프테리아 등 모든 전염병은 아메리카 원주민에게 낯설고 이질적이었다. 한 번도 이런 전염병이 발생한 적이 없었기 때문에 대부분의 아메리카 원주민은 면역력이 없어 목숨을 잃었다. 콜럼버스가 아메리카에 도착한 시 한 세기가 채 지나지 않아 아메리카 원주민의 90퍼센트 이상이 멸종했다. 스페인의 무기나 유럽인이 강조한 기독교의 힘 때문이 아니었다. 바닷길을 따라 더 많은 부를 얻기 위해 이동한 탐욕스러운 인간들과 함께 건너간 전염병 때문이었다. 전염병은 아메리카를 유럽의 식민지로 전락시키면서 세계사를 완전히 뒤집어놓았다.

02

콜럼버스의 교환과 매독

유럽인의 이주로 아메리카의 생태계가 뒤바뀌다

1972년 미국의 역사학자 앨프리드 크로스비는 자신의 저서 제목을 『콜럼버스의 교환』이라고 정했다. 일반적으로 '교환'은 자신이 가진 것과 다른 사람이 가진 것을 맞바꾸는 행위를 말한다. 따라서 교환은 일방적이지 않고 양방향으로 이루어지며, 교환되는 것의 가치는 거의 비슷하다고 할 수 있다. 15세기 말 유럽인이 다시 아메리카로 이주하면서 이들은 아프로-유라시아에서 재배되는 많은 곡물과 동물을 가져왔다. 대표적인 예로 올리브, 커피, 바나나, 사탕수수, 포도, 양, 돼지, 말 등을 들 수 있다. 콜럼버스의 원래 목표는 향신료나 금을 가지고 스페인으로 돌아가는 것이었지만, 나중에는 식민지에 유럽인이 정착할 수 있는 환경을 만들고자 했다. 아프로-유라시아에서 유럽인이 가지고 간 것은 그들의 생활과 밀접하게 관련된 동물과 작물이었다.

아프로-유라시아에서 이동한 동물과 작물은 아메리카의 새로운 생태계에 잘 적응했다. 15세기 무렵 아메리카의 생태계는 아프로-유라시아와는 매우 달랐다. 처음 아메리카에 도착했을 때 콜럼버스 일행은 그곳이 인도라고 확신했다. 자신과 처음 만난 사람들의 낯선 외형과 유럽에서 전혀 볼 수 없는 이국적인 풍경 때문이었다. 당시 아메리카에서 자라던 동물과 식물은 80퍼센트 이상 독자적인 환경에서 서식하는 종들이어서 유럽인은 당연히 이국적이라고 느꼈을 것이다. 대표적인 동물로는 이구아나, 피라냐, 다람쥐원숭이, 개미핥기, 가오리 등이 있고, 대표적인 식물로는 선인장을 들 수 있다. 유럽과 비슷한 지리적 환경에도 불구하고, 아메리카에만 존재하는 특이한 동물이나 식물을 보면서 유럽인은 이 지역을 새로운 세계 즉, '신세계(New World)'라 불렀다.

하지만 아메리카에서 자생하던 동물과 식물은 아프로-유라시아에서 건너온 동물과 식물에 섬차 자리를 내주었다. 콜럼버스는 두 번째 항해 이후 스페인의 식민지가 된 카리브해 연안의 여러 섬에서 농경을 시작했다. 밀이나 병아리콩, 멜론, 무, 포도 등의 묘목과 씨앗을 유럽에서 가져왔는데, 이 작물들은 온도와 습도가 높아 제대로 자라지 않았다. 특히 밀로 만든 빵은 유럽인에게 매우 중요한 음식이라 초기에 아메리카로 이주한 유럽인

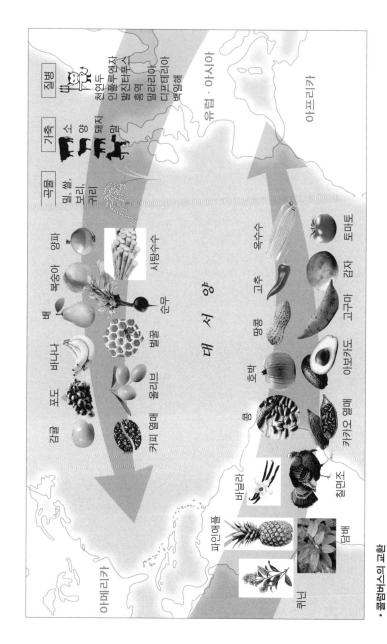

질병
천연두
인플루엔자
발진티푸스
홍역
말라리아
디프테리아
백일해

가축
소
양
돼지
말

곡물
밀, 쌀,
보리,
귀리

양파
복숭아
배
바나나
포도
감귤
커피 열매
올리브
꿀
순무
사탕수수

옥수수
토마토
고추
감자
땅콩
고구마
호박
아보카도
콩
카카오 열매
칠면조
바닐라
파인애플
담배
키니

대 서 양

유럽 · 아시아

아프리카

아메리카

• **콜럼버스의 교환**
아메리카와 아프로-유라시아 두 대륙은 서로 작물과 동물뿐만 아니라 질병까지도 교환했다.

은 매우 당황스러웠다. 그러나 곧 새로운 방법을 발견했다. 하나는 유럽에서 밀이나 빵을 수입하는 것이었고, 다른 하나는 아메리카에서 자라는 식물로 대체하는 것이었다. 유럽인은 옥수수와 카사바를 재배하기 시작했는데, 이는 새로운 세계로 이주한 유럽인에게 중요한 식량원이 되었다. 반면 새로운 환경에서 오히려 잘 자라는 사탕수수 같은 작물도 있었다.

1493년 11월 3일, 콜럼버스는 오늘날 카리브해에 있는 도미니카공화국에 도착했다. 콜럼버스의 이 두 번째 항해는 작물과 동물의 이동이라는 점에서 인류 역사에 매우 중요했다. 콜럼버스는 이 항해에서 아프로-유라시아에서 재배된 작물을 가지고 왔는데, 대표적인 작물로는 사탕수수를 들 수 있다. 물론 밀이나 포도처럼 유럽인의 주식이 되는 작물도 함께 가져왔지만, 온도가 높은 열대 기후에 속하는 카리브해 연안에서 이 작물들은 제대로 자라지 못했다. 시리학자들은 오늘날 오세아니아 동쪽에 있는 수천 개의 섬을 '폴리네시아'라고 부른다. 이 지역에는 재미있는 전설이 전해 내려온다. 어부가 고기를 잡다가 그물에 걸린 막대기를 발견했는데, 쓸모없는 것으로 생각하고 버렸다. 하지만 며칠 후 다시 막대기가 그물에 걸리자 이를 땅에 심었다. 막대기에서 꽃이 피어나고 그 속에서 아름다운 여자가 나왔는데, 그녀는 어부를 위해 요리를 했다. 어부가 땅에 심은 막대기는 다름 아닌 사탕수수였고, 맛있는 요리는 설탕이었다고 한다.

사탕수수는 볏과에 속하는 작물로서 연평균 기온이 섭씨 20도 이상인 열대 혹은 아열대 지역에서 자란다. 기원전 8000년 무렵 오스트레일리아 북쪽에 있는 뉴기니에서 처음 재배되었다. 기원전 6000년쯤 인도네시아와 필리핀을 거쳐 인도로 전파되었다. 인도는 사탕수수를 이용해 처음 설탕을 제조한 곳이었는데, 기록에 따르면 기원전 4세기부터 설탕을 만들어 사용했다. 기원전 327년 마케도니아를 지배하고 있던 알렉산드로스대왕은 이집트와 페르시아를 정복한 후 중국을 정벌하기 위해 인도 서북부 지역을 침공했다. 대왕과 함께 인도를 공격했던 네아르쿠스 장군은 사탕수수를 처음 보고는 '꿀벌이 없어도 꿀을 만드는 갈대'라고 불렀다. 비슷한 시기에 인도를 방문한 어느 그리스인은 설탕을 '돌꿀'이라고 소개하기도 했는데, 아마도 액체기 아닌 결정 상태의 설탕을 보고서 돌이라고 표현한 것 같다. 인도에서는 사탕수수를 끓인 다음 햇빛에 말려 설탕을 만든 것으로 보인다.

유럽인이 설탕을 처음 접한 시기는 십자군전쟁 때였다. 이슬람제국에서는 설탕이 다른 음식과 잘 어우러진다는 사실을 알고 명절이나 축제 때 설탕으로 다양한 예술품을 만들었다. 심지

• 사탕수수 플랜테이션 농장
열대기후인 남아메리카에서 사탕수수가 잘 자라자 일부 유럽인들은 자본을 투자해 대규모의 사탕수수 플랜테이션 농장을 건설했다.

어 설탕으로 이슬람 사원을 만들고, 찬가한 사람들이 함께 나누어 먹었다는 기록도 전해진다. 바닷길과 실크로드를 통해 유럽으로 전해진 설탕은 폭발적인 인기를 끌었다. 하지만 당시 유럽에서 이슬람과 교역이 허락된 도시는 매우 소수였고 설탕은 아주 비싼 상품이었다. 이슬람 상인이나 군대로부터 설탕을 수용한 유럽인들은 설탕 제조 기술까지 배워 직접 사탕수수를 재배

제2장 아메리카 네트워크의 결합과 전염병

하고 설탕을 만들고자 했다. 하지만 열대기후에서 잘 자라는 사탕수수는 유럽에서 제대로 자랄 수 없었다. 그래서 이슬람을 통해 설탕을 비싸게 구매하는 것보다 사탕수수가 잘 자라는 식민지를 차지하는 것이 경제적으로 훨씬 이득이라고 생각했다.

콜럼버스는 두 번째 항해에서 사탕수수를 가져다가 카리브해 연안에 심었다. 예상대로 사탕수수는 매우 잘 자랐다. 이후 카리브해 연안의 다른 지역뿐 아니라 남아메리카의 여러 지역으로 사탕수수가 급속히 확산되었다. 사탕수수가 잘 자라자 일부 유럽인들은 자본을 투자해 대규모의 사탕수수 플랜테이션 농장을 건설했다. 일반적으로 플랜테이션 농장은 유럽인이 자본이나 기술을 제공하고, 그 지역에 사는 원주민의 노동력을 이용하는 시스템을 의미한다. 대량으로 설탕을 생산하기 위해서는 무엇보다도 노동력이 매우 중요했다. 하지만 아메리카 원주민은 유럽인과 함께 이동한 전염병 때문에 대부분 멸종했다. 결국 유럽인들은 새로운 노동력에 관심을 가질 수밖에 없었다.

아프로-유라시아에서 아메리카로 이주하면서 아메리카 원주민의 생활을 급격하게 변화시킨 것은 작물만이 아니었다. 아메리카 원주민의 생활을 변화시킨 대표적인 동물은 말이었다. 원래 말은 아메리카에도 존재했다. 하지만 수렵·채집 시대에 아메리카 원주민은 사냥을 통해 몸집이 큰 동물을 모두 잡아먹었고 결국 아메리카에서 말이 멸종되었다. 그래서 마지막 빙하기가 끝나고 농경이 시작되었을 때 아프로-유라시아와 아메리카는 상당히 다른 모습을 보여준다. 아프로-유라시아에서는 수레나 마차, 쟁기질 등에 말의 노동력을 활용한 반면, 아메리카에서는 인간의 노동력을 대체할 만한 대형 동물이 존재하지 않았다. 아메리카에서 길들인 동물은 라마나 알파카, 칠면조, 오리 등이 전부였다. 유럽인이 이주하기 전까지 아메리카에서 가장 빠르고 힘센 동물은 다름 아닌 인간이었다. 잉카제국이나 아즈텍제국에서 신전과 성을 건축할 때 인간은 가장 중요한 노동력이었다.

말은 아메리카 원주민 사이에서 매우 적극적으로 수용되었다. 원래 아메리카 원주민은 사냥이나 전쟁에서 활을 주로 사용했다. 그런데 유럽인이 가져온 말을 길들여 사냥이나 전쟁에 활용하기 시작하면서 자연스럽게 전쟁 무기도 변화하기 시작했다. 움직이는 말 위에서 활을 쏘기가 쉽지 않았기 때문에 아메리카 원주민들은 활과 더불어 창이나 도끼 등을 사용했다. 수렵·채집 생활을 하면서 주변 환경으로부터 생존에 필요한 에너지를 얻은 아메리카 원주민에게 말은 이동 생활에도 매우 유용한 동물이었다. 말과 더불어 돼지와 소 등의 가축이 함께 아메리카로 이동하면서 이제 아메리카의 농경 방식은 아프로-유라시아의 농경 방식과 비슷해졌다. 물론 새로운 종들이 이동함에 따라 아메리카에 살고 있던 토착종들은 점차 그 수가 감소했다.

아프로-유라시아의 생활을 변화시킨 감자 한 알

아프로-유라시아에서 이동한 동물과 식물이 아메리카 환경에 영향을 미친 것처럼, 아메리카에서 아프로-유라시아로 건너가 유럽인의 생활을 변화시킨 것도 있었다. 감자가 대표적이다. 감자는 기원전 4세기 무렵 남아메리카 안데스 산지에서 처음 재배되었다. 오늘날 우리가 알고 있는 감자와는 약간 생김새가 다르고 자주색이나 녹색 등 색깔도 다양했다. 16세기 초 스페인 군대는 잉카제국을 정복하면서 감자를 처음 보게 되었다. 그들은 스페인으로 돌아갈 때 감자도 가져갔다. 감자는 척박한 환경이나 기후에서도 잘 자랐다. 하지만 잉카제국에서조차 주된 식량으로 활용되지 못했고, 아메리카의 다른 지역으로 널리 확산되지도 못했다. 더욱이 씨를 뿌려 재배하는 다른 작물과는 달리 싹이 나면서 여러 덩이의 감자가 생긴다는 사실을 알게 된 유럽인은 감자를 '악마의 식물'이라고 생각했다.

감자가 유럽에서 인기를 끌게 된 것은 꽃 때문이었다. 화려하고 다양한 꽃이 피면서 감자는 식용이 아니라 관상용으로 재배되었다. 18세기 말 프랑스 루이 16세(재위: 1774~1792)의 왕비 마리 앙투아네트가 화려한 감자 꽃을 연회 장식으로 사용한 이후, 유럽 여러 나라의 왕실과 귀족에게 감자가 널리 알려졌다. 아일랜드 사람들은 감자를 식량으로 활용했다. 당시 영국 식민지였던 아일랜드의 대부분 토지는 영국 지주들의 소유였다. 지주들의 토지에서 수확한 대부분의 작물을 세금으로 바친 아일랜드 소작농들은 식량 부족으로 굶어 죽는 일이 빈번했다. 이들은 유럽에서 아무도 거들떠보지 않던 감자를 재배해 식량으로 이용하기 시작했다. 척박한 환경이나 기후에서도 잘 자라는 감자는 아일랜드에서 급속하게 증가했다. 감자 덕분에 굶어 죽는 사람들이 감소하면서 감자는 아일랜드에서 가장 중요한 작물이 되었다. 실제로 감자 재배 이후 아일랜드의 인구는 네 배 이상 증가했다.

하지만 역설적이게도 감자는 아일랜드 역사에 끔찍한 비극을 초래하기도 한다. 역사학자들은 마지막 빙하기 이후 가장 추운 시기인 1300년대부터 1800년대까지를 '소빙기'라고 부른다. 이 시기에는 유럽뿐만 아니라 전 지구적으로 빙하 지역이 확대되면서 추위가 극심해졌다. 1739년에 러시아 북동부에 있는 캄차카반도의 화산이 폭발하면서 1740년은 기후변화가 더욱 심각했다. 1739년 12월부터 강풍이 불면서 혹한이 시작되었고, 1740년 2월에는 무려 7주 동안 서리가 내렸다. 기후변화는 작물 재배에 치명적인 영향을 미쳤다. 아일랜드에서는 작년에 수확한 감자는 얼거나 썩어서 먹을 수 없었다. 유럽의 다른 국가보다 감자 의존도가 높은 아일랜드에서는 식량 가격이 폭등했고 굶주리는 사람들이 많아졌다. 당시 기근으로 사망한 인구수만 수십만 명에 달했다. 아일랜드 역사에서 1740년은 이른바 '학살의 해'였다.

아일랜드의 수난은 여기서 그치지 않았다. 1845년 다시 한번 기근이 발생했다. 감자역병균이라는 전염병 때문이다. 이는 습한 환경에서 번성하는 세균이 감자의 잎과 줄기, 뿌리를 통해 확산하면서 일어나는 전염병이다. 감자역병균이 처음 발생한 곳은 미국 동북부의 필라델피아나 뉴욕으로 추정된다. 곧 캐나다와 유럽으로 확산되었고 아일랜드에서는 감자 수확량이 80퍼센트 이상 감소했다. 아일랜드에서 발생한 위기를 극복하기 위해 당시 영국 정부는 아메리카에서 옥수수를 대량 수입해 아일랜드 사람들에게 나눠주었다. 하지만 그리 효과적인 방법은 아니었다. 약 200만 명이 굶어 죽거나 다른 지역으로 이주했다. 역사학자들은 1845년에 발생한 감자 기근을 '대기근'이라고 부른다.

감자 기근과 더불어 아일랜드에서는 심각한 전염병이 발생

• 감자역병균
1845년 감자역병균은 아일랜드의 주식인 감자를 하루아침에 썩게 만들어 '대기근'을 일으켰다.

했다. 사실 굶주림보다 전염병으로 사망한 사람이 훨씬 더 많았다. 1845년 대기근 동안 가장 빈번하게 발생한 전염병은 티푸스였다. 온몸에 붉은 점이 생기고 살이 썩어 들어가는 이 전염병은 인간에게도 옮겨 간다. 물론 대기근 이전에도 인류의 역사에 치명적인 영향을 미쳤다. 1489년에 스페인이 이슬람제국으로부터 그라나다를 되찾기 위한 전쟁을 치르는 동안 1만 7,000명 이상의 병사가 티푸스로 사망했다. 당시 전투로 목숨을 잃은 병사가 3,000명이었던 것과 비교한다면 엄청난 수치다. 티푸스는 주로 비위생적인 환경에서 자주 발생했다. 대기근 이후 아일랜드에서는 식량과 일자리를 찾아 도시나 구빈원에 몰려든 사람들 사이에서 발생했다. 티푸스만이 아니라 콜레라도 급속히 확산되었다. 오염된 물 때문에 발생하는 콜레라는 당시 아일랜드 빈민의 거주지가 얼마나 비위생적이었는지 상징적으로 잘 보여준다.

감자 외에도 아메리카에서 아프로-유라시아로 이동해 인간의 역사에 치명적인 영향을 미친 질병으로 매독이 있다. 매독은 성적 접촉을 통해 옮기는 성병인데, 임신한 여성의 경우는 태아에게도 전염될 수 있다. 지금까지 많은 역사가들은 매독이 아메리카에서 발생한 것으로 콜럼버스가 유럽으로 돌아간 이후 유럽에 확산되었다고 주장했다. 하지만 이러한 주장에 맞서 원래 유럽에도 매독이 존재했다는 반론이 제기되고 있다. 아직 매독의 기원이 명확하게 밝혀지지는 않았다. 유럽에서 매독에 대한 기록이 처음 등장한 시기는 1494년 프랑스와 이탈리아 사이에서 발생한 전쟁 때였다. 당시 프랑스의 샤를 8세(재위: 1483~1498)의 군대는 이탈리아로 이동하면서 방탕한 생활을 했고, 그 결과 많은 병사가 매독에 걸렸다. 매독의 초기 증상으로 피부 일부가 짓무르는 궤양이 나타난다. 매독이 계속 진행되면 발진과 발열, 장기 손상이 일어난다.

당시 샤를 8세의 군대는 프랑스인으로만 구성되어 있지 않았다. 스페인, 독일, 폴란드, 스위스, 영국, 헝가리 등 유럽의 여러 나라에서 온 용병으로 구성되어 있었기 때문에 매독의 확산은 프랑스에만 영향을 미치지 않았다. 전쟁이 끝나고 고향으로 돌아간 병사들에 의해 유럽의 많은 지역에서 매독이 빈번하게 발생했다. 당시 매독을 효과적으로 치료할 수 있는 약은 별로 없었다. 무엇보다도 매독의 증상은 다른 질병과 매우 유사해, 당시 "매독을 구별할 수 있는 의사는 진정한 의사다"라는 말이 유행할 정도였다. 1906년 독일 세균학자 바서만이 혈액 검사로 매독을 판단하기 전까지 다양한 치료법이 사용되었다. 전 세계적으로 가장 많이 사용한 것은 수은이다. 아메리카에서는 유창목이라는 나무의 수액을 사용했는데, 이 나무는 주로 카리브해 근처의 바하마에서 자란다. 이뇨제로 활용되는 사포닌이 풍부해 일찍부터 매독 치료제로 사용되었다. 이러한 점에서 볼 때 매독은 유럽인이 아메리카로 이동하기 전부터 존재한 것이 분명하다.

역사학자 크로스비는 『콜럼버스의 교환』에서 15세기 말 아프로-유라시아와 아메리카가 서로 연결되면서 어떤 영향을 미쳤는지 설명한다. 작물이나 동물의 교환으로 생태 환경이 변화된 것은 물론, 인간과 함께 이동하면서 의도치 않게 전염병이 여러 지역에 심각한 영향을 미쳤다. 아메리카에서 만연한 매독이 아프로-유라시아의 여러 지역으로 확산되고, 아프로-유라시아에서 빈번하게 발생한 천연두나 홍역이 아메리카로 옮겨지면서, 두 지역은 새로운 전염병 때문에 다양한 변화를 겪어야 했다. 말 그대로 쌍방의 전염병 교환이었다.

03

아프리카 노예무역과 황열병

포르투갈이 브라질 식민 개척에 나서다

15세기에 아프리카 최남단 지역으로 가는 바닷길을 알게 된 포르투갈 사람들은 유럽의 다른 국가보다 적극적으로 항해에 나섰다. 1487년 포르투갈의 마누엘 1세(재위: 1495~1521)는 희망봉을 지나 인도양을 거쳐 캘리컷까지 향하는 항해를 명령했다. 항해사이자 장교인 바스쿠 다가마는 170명의 선원과 함께 네 척의 배를 타고 항해를 시작했다. 당시 포르투갈 왕은 캘리컷 왕에게 선물로 줄 모자와 옷감 등을 건네수기노 했나. 항해의 목적은 인도에서 후추를 비롯한 값비싼 상품을 유럽으로 가져와 교역하는 것이었다. 오랫동안 계절풍의 원리를 잘 알고 있었던 이슬람 상인들에게 아프리카 동쪽 해안 지역은 익숙했다. 반면, 다가마를 비롯한 포르투갈 선원들에게는 매우 낯설었다. 다가마는 이슬람 항해사를 고용해 인도양을 지나 캘리컷에 도착할 수 있었다. 당시 캘리컷 왕은 다가마의 선물을 마음에 들어 하지 않았고, 결국 교역은 성립되지 않았다. 하지만 이제 유럽인은 이슬람제국의 눈치를 보지 않고 인도와 아시아로 이동할 수 있었다.

포르투갈이 바닷길을 통해 인도에 도착하는 데 성공하자 당시 유럽의 다른 국가들도 인도로 항해를 시작했다. 포르투갈 외에도 인도의 후추에 관심이 많은 국가는 네덜란드와 영국이있다. 인도뿐만 아니라 아시아의 여러 도시와의 교역에 관심이 많았던 네덜란드는 초기에 포르투갈을 통해 후추를 비롯한 다양한 상품을 수입했다. 이후 17세기 초까지 개별적인 회사들이 아시아와의 교역을 담당했는데, 1602년 3월 네덜란드에서는 새로운 현상이 발생했다. 다른 국가보다 우위를 점하기 위해 대규모의 자본과 선박, 인원이 필요했던 네덜란드는 여러 개의 회사를 합치고 투자자를 모집한 다음 이들에게 투자 권리 증서를 나누어주었다. 역사학자들은 이 회사를 '네덜란드 동인도회사'라고 부르는데, 인류 역사상 최초의 주식회사였다.

네덜란드 동인도회사의 가장 중요한 목표는 후추나 기타 상품에 대한 독점권을 가지는 것이었지만, 점차 생산지를 식민화시키는 것이 중요하다는 사실을 깨달았다. 네덜란드는 인도네시아에 관심을 가지고 있었다. 인도네시아의 여러 지역에서 후추가

• 육두구
네덜란드 동인도회사는 유럽에서 인기가 좋고 비싼 육두구나 후추와 같은 향신료를 독점하기 위해 인도네시아를 식민지로 삼고자 했다.

재배되었고, 특히 '향신료의 섬'이라 불리는 반다섬과 인도네시아와 말레이반도를 연결하는 지리적 요충지 몰루카에서는 육두구라는 향신료가 재배되었기 때문이다. 쌍떡잎과 식물인 육두구는 매혹적인 향 때문에 생선 요리나 소스, 피클 등에 주로 사용한다. 고대 중국이나 인도에서는 주로 약으로 사용했고, 이집트에서는 미라를 만드는 데 사용하기도 했다. 정확한 시기는 알 수 없지만 십자군전쟁을 통해 유럽으로 전파된 것으로 추정한다.

역사학자들은 동인도회사를 '국가 밖의 국가'라고 부른다. 여러 회사를 합쳐 거대한 자본을 형성하고, 이를 인도네시아와 아시아로 항해하는 데 사용했지만, 점차 동인도회사는 더욱 큰 권한을 부여받기 시작했다. 후추나 육두구처럼 유럽에서 인기 좋고 값비싼 향신료를 독점하기 위해 인도네시아를 식민지로 삼고자 했고, 이러한 과정에서 동인도회사는 군대를 소유하고 전쟁을 일으킬 수 있는 권한을 부여받았다. 그야말로 네덜란드 밖에 존재하는 또 다른 네덜란드인 셈이다. 뒤늦게 향신료 교역에 관심을 가진 영국도 인도네시아에 상당한 관심이 있었다. 1623년 몰루카주의 주도인 암본섬에서 영국과 네덜란드 사이에 무력 충돌이 발생했는데, 이때 영국은 네덜란드에 패해 인도네시아의 향신료 교역에서 물러날 수밖에 없었다.

아시아 교역에서 네덜란드가 향신료를 독점하자 포르투갈은 새로운 작물에 눈을 돌렸다. 1492년 콜럼버스가 아메리카로 이동한 뒤 스페인과 포르투갈은 아메리카를 둘러싸고 영토 분쟁을 벌였다. 당시 교황 알렉산데르 6세(재임: 1492~1503)는 아프리카 서쪽 끝에서 480킬로미터 떨어진 곳을 기준으로 서쪽은 스페인의 영토로, 동쪽은 포르투갈의 영토로 선언했다. 하지만 이 조건에 불만을 품은 포르투갈 국왕 주앙 2세는 교황에게 강력하게 항의했고, 1949년 6월 7일 스페인 서북부에 있는 토르데시야스에서 영토 경계선을 1,500킬로미터 떨어진 곳으로 변경하는 조약을 체결했다. 이 조약으로 남아메리카의 대부분이 스페인의 식민지가 되었지만, 한 지역만 포르투갈의 식민지가 되었다. 바로 오늘날의 브라질이다. 새로운 식민지를 획득한 포르투갈은 이 지역에서 사탕수수와 커피를 재배하기 시작했다.

아프리카 원주민이 아메리카 노예로 팔리다

이른바 '콜럼버스의 교환'으로 아프로-유라시아에서 아메리카로 이동한 작물 가운데 사탕수수와 커피가 잘 자랐다. 그래서 유럽인들은 사탕수수와 커피를 재배하는 대규모 플랜테이션 농장을 세웠다. 하지만 천연두나 홍역 등 아프로-유라시아에서 이동한 전염병으로 아메리카 원주민의 수가 급속하게 감소하면서 농장에서 일할 새로운 노동력을 찾아야만 했다. 유럽에서 멀리 떨어진 아메리카까지 가서 일하려는 노동자는 그리 많지 않았다. 결국 유럽인들은 아프리카 출신의 흑인 노예에 관심을 두기 시작했다.

노예는 인류 역사상 오래전부터 존재했다. 기원전 2000년 무렵 수메르에서는 노예의 코에 코뚜레를 끼우고 가축과 동일하게 취급했다는 기록이 남아 있다. 우리나라에서도 '남의 물건을 훔

친 사람은 그 집의 노비로 삼는다'는 법이 존재한다는 사실을 통해 오래전부터 노예제도가 있었다는 것을 확인할 수 있다. 수많은 사회와 국가에서 노예는 인간이 아니라 재산이었고, 노예주는 노예를 마음대로 죽이거나 팔 수 있는 권한을 가지고 있었다.

고대에는 주로 채무 관계나 전쟁 때문에 노예가 되는 사람이 많았기 때문에 노예주와 노예가 피부색이 비슷한 경우가 많았다. 피부색이 다른 사람을 노예로 삼은 대표적인 사례로는 이슬람의 노예무역을 들 수 있다. 9세기 무렵 이슬람 상인들은 동유럽과 남유럽, 중동과 아시아를 연결하는 요충지인 발칸반도의 전쟁 포로를 노예로 삼으면서 '슬라브(Slav)'라고 불렀는데, 이것이 영어로 '노예(slave)'를 지칭하는 용어가 되었다. 11세기 즈음 이슬람 상인들은 에티오피아나 말리 등 아프리카 국가들과 교역하면서 아프리카 노예를 사고팔기 시작했다. 역사학자들은 아프리카 서쪽에 있는 가나부터 볼타강 유역에 이르는 지역을 '황금해안'이라고 부른다. 가나는 말리와 더불어 아프리카에서 황금이 많이 나오는 지역으로 유명했지만, 황금해안으로 불린 또 다른 이유가 있다. 노예무역에 따른 경제적 이윤 때문이었다.

포르투갈은 이미 1444년부터 아프리카 노예무역을 시작했다. 아메리카의 새로운 식민지에서도 아프리카 원주민을 노예로 착취하기 시작했다. 아프리카는 수많은 풍토병이 만연한 지역이어서 아프리카 원주민은 아메리카 원주민과는 달리 이미 아프로-유라시아의 여러 전염병에 상당한 면역력을 가지고 있었다. 16세기 초 스페인도 카리브해의 식민지에 아프리카 원주민을 데려오기 시작했다. 처음에 포르투갈은 교환을 통해 아프리카 원주민을 노예로 데려왔다. 예를 들어, 아프리카 원주민과 생활필수품을 맞바꾸었다. 하지만 새로운 식민지에서 노예 노동력의 수요

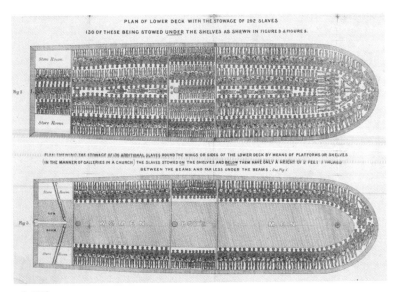

• 노예선
노예로 잡힌 아프리카 원주민을 배에 짐짝처럼 태워서 아메리카로 날랐다. 그림은 영국 노예선에서 아프리카 원주민을 어떻게 취급했는지 적나라하게 보여준다.

제2장 아메리카 네트워크의 결합과 전염병

가 급증하자 포르투갈은 점차 방식을 바꾸기 시작했다. 아프리카인 노예 사냥꾼을 고용한 것이다. 노예 사냥꾼에게 술이나 총을 주어 더 싼 가격으로 더 많은 아프리카 원주민을 잡아 오게했다. 어떻게 보면 아프리카 노예무역은 동족에 의한 매매 활동으로도 볼 수 있다.

노예로 잡힌 아프리카 원주민은 쇠사슬에 묶인 채 노예선에 올랐다. 18세기 말까지 아프로-유라시아에서 아메리카로 이동한 사람들 가운데 아프리카 원주민이 가장 많았다. 약 7,500만 명의 아프리카 원주민이 노예선에 탑승했고, 이 가운데 1,200만 명이 아메리카에 도착했다. 아프리카에서 노예로 붙잡히거나 매매된 아프리카 원주민을 아메리카로 태워 나르는 노예선의 상황은 매우 열악했다. 운송비를 낮추기 위해 정원보다 많은 아프리카 원주민을 배에 태웠다. 이들은 인간 이하의 짐짝 취급을 받았다. 쇠사슬에 묶여 어두운 선실 안에서 음식을 먹고 잠을 잤다. 아프리카 원주민의 주된 식량은 땅콩이었다. 가격도 싸고 열량이 높아 적은 양으로도 배고픔을 해결할 수 있었다. 하지만 불포화지방산이 많아 많이 먹으면 설사를 유발했다. 이들은 배변도 선실 안에서 해결해야만 했다. 당연히 아프리카 원주민을 가둔 선실의 위생 상태는 불결하기 짝이 없었다.

아프리카에서 아메리카로 향하는 동안 배에 타고 있던 아프리카 원주민의 3분의 1 이상이 목숨을 잃었다. 대부분은 질병으로 죽었다. 간혹 갑판 위로 도망가 바다로 뛰어드는 사람도 있었다. 비위생적인 환경과 비인간적인 대우를 견디다 못해 스스로 죽음을 선택한 것이다. 하지만 노예 사냥꾼을 통해 싼값에 아프리카 원주민을 노예로 사들이는 유럽인에게 높은 사망률은 큰 걱정거리가 아니었다. 아프리카에서 출발한 노예의 5분의 1만 아메리카에 도착해도 상당한 이윤이 남았기 때문이다. 이 시기에 노예무역은 대서양을 둘러싼 무역에서 가장 중요했다. 역사학자들은 대서양을 둘러싸고 이루어진 아프리카와 유럽, 아메리카의 무역을 '대서양 삼각무역'이라고 부른다. 삼각무역을 통해 아프리카는 유럽으로부터 직물, 술, 무기 등을 사고 노예를 팔았다. 아메리카로 건너간 아프리카의 노예는 농장과 광산에 노동력을 제공했고, 거기서 생산된 설탕, 커피, 담배, 은 등을 유럽에 팔았다. 유럽은 아메리카에서 넘어온 원료를 가지고 제품을 만들어서 다시 아프리카로 수출했다.

1781년이 되어서야 아프리카 원주민에 대한 비인간적인 행위가 대중에게 알려졌다. 이해 11월 말부터 영국 노예선 종(Zong)호는 아프리카 원주민을 태우고 대서양을 항해했다. 이 배의 목적

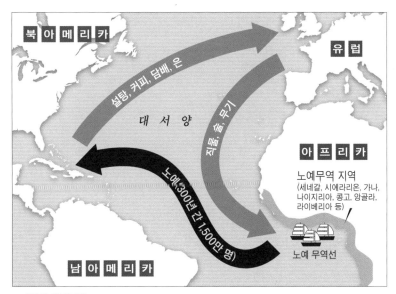

· 대서양 삼각무역
대서양을 둘러싸고 유럽, 아프리카, 아메리카 세 대륙 간에 삼각무역이 이루어졌다. 여기서 노예무역은
매우 중요한 위치를 차지했다.

지는 카리브해 북부의 자메이카였다. 출발 당시 종호에는 442명
의 아프리카 원주민이 타고 있었다. 비슷한 규모의 다른 노예선
에 200여 명이 탑승한 것과 비교하면 출발부터 지나치게 많은
탑승 인원이었다. 항해 도중 종호는 목적지인 자메이카를 다른
지역과 착각해 그냥 지나쳤다. 이미 대서양을 지나면서 과도한
탑승 인원과 전염병으로 아프리카 원주민 60여 명과 선원 몇 명
이 사망했다. 자메이카로 돌아가는 길은 역풍이 불어 원래보다

십수 일이 더 걸릴 예정이었다. 하지만 당시 남아 있는 식량과 물은 사나흘 치밖에 되지 않았다. 결국 이들은 노예를 학살하자는 결론을 내렸다.

당시 종호가 가입한 보험은 노예가 배에서 사망하는 경우 선박 소유주의 책임으로 간주해 보험금을 지급하지 않지만, 화물이 바다에 빠져 손실되면 선박의 소유주와 보험회사가 공동으로 처리하게 되어 있었다. 쉽게 말하면, 화물이 손상되는 경우에 선박 소유주는 보험금의 절반을 받을 수 있었다. 노예 한 사람의 보험금은 30파운드로 오늘날의 기준에 따르면 약 300만 원 정도다. 1781년 11월 29일, 선원들은 만장일치로 아프리카 원주민을 바다에 던지기로 했다. 모두 132명의 아프리카 원주민이 바다에 빠졌다. 12월 22일 자메이카에 도착했을 때 종호에 남은 아프리카 원주민은 208명이었고, 1인당 38파운드에 노예로 팔렸다. 종호의 선박 소유주 윌리엄 그레그슨은 보험회사에 보험금을 청구했지만, 보험회사가 이를 거부해 결국 재판이 진행되었다.

재판 직전 종호의 항해 일지가 없어져 재판은 선원들의 증언을 토대로 진행되었다. 놀랄 만한 사실은 선원들이 아프리카 원주민을 바다에 던진 이유를 식수 부족이라고 진술했지만, 당시 종호에는 2,000리터 정도의 식수가 있었다는 것이다. 선원들은 아프리카 원주민을 바다에 던진 뒤에 비가 와서 식수를 해결할 수 있었다고 변명했지만, 재판에서는 비가 오는 도중에도 아프리카 원주민을 학살한 것으로 판단했다. 보험회사 측 변호인은 선원들이 살인죄를 저질렀다고 주장했으나, 살인죄가 아닌 것으로 판결이 내려졌다. 다만, 의도적으로 화물을 파손했기 때문에 보험회사는 보험금을 지급할 필요가 없다고 결정되었다. 종호 사건이 당시 영국인을 비롯해 전 세계에 충격을 준 것은 노예 사냥꾼에게 납치된 아프리카 원주민을 인간이 아니라 화물로 간주했다는 사실이다. 이후 영국에서는 이를 학살 사건으로 규정하면서 퀘이커교나 영국국교회에서 노예제도 폐지에 대한 주장이 많아졌지만, 별다른 영향을 미치지는 못했다. 거의 한 세기가 지난 1871년이 되어서야 영국에서는 노예무역을 완전히 폐지했다.

종호 학살 사건에서 알 수 있는 것처럼 아프리카 원주민의 대서양 이주는 매우 힘난하고 고달픈 일이었다. 가까스로 대서양을 건너 아메리카에 도착한 이들은 대부분 사탕수수나 커피 플랜테이션 농장의 노예로 끌려갔다. 16세기 초부터 포르투갈은 브라질의 사탕수수 플랜테이션 농장에서 아프리카 원주민을 노예로 부리며 노동력을 착취했다. 18세기 초부터는 커피를 대량 생산하기 시작했다. 오늘날 브라질은 전 세계적으로 설탕과 커피를 가장 많이 생산하는 지역이 되었다. 물론 이 지역의 기후나 지리적 환경이 사탕수수나 커피가 자라기에 적합하기도 하지만, 무엇보다도 강제로 이주한 아프리카 원주민의 노동력을 착취한 결과였다. 실제로 이 시기에 아프리카 원주민이 가장 많이 이주한 곳은 오늘날의 브라질이었다.

노예선과 함께 아메리카로 넘어온 황열병

한편, 대서양을 건너 아메리카에 도착한 아프리카 원주민은 아메리카에 돌이킬 수 없는 영향을 미쳤다. 전염병을 옮긴 것이다. 아메리카 원주민과는 달리 다양한 풍토병에 오랫동안 노출되었던 아프리카 원주민은 웬만한 전염병은 이길 수 있는 면역력을 가지고 있었다. 오히려 유럽인은 아프리카의 전염병에 저항할 아무런 면역력도 없었다. 노예로 잡히거나 팔린 아프리카 원주민과 함께 아메리카로 이동한 전염병은 황열병이었나. 황열병은 이집트 숲 모기에 의해 전염되는 아프리카의 오랜 풍토병이었다. 다른 전염병과 달리 증상을 통해 쉽게 구별할 수 있는데, 눈이나 피부가 노랗게 변하고 피부에 보라색 반점이 생긴다. 아메리카에서 처음 황열병이 발생한 지역은 카리브제도였다. 당시 스페인의 식민지였던 카리브제도에서는 브라질과 마찬가지로 대규모의 사탕수수 플랜테이션 농장이 건설되었다.

사탕수수 재배는 다른 작물과 다르게 물이 많이 필요하다. 밀이나 보리, 옥수수 등과 비교하면 15배 이상 많은 물이 필요하다. 사탕수수를 끓여서 졸인 다음 설탕으로 정제하기 때문에 이 과정에서도 물이 많이 사용된다. 따라서 사탕수수 플랜테이션 농장은 물이 풍부하고 목재를 쉽게 구할 수 있는 곳에 주로 발달했다. 카리브제도는 연 강수량이 2,000밀리미터 이상이며 숲이 울창한 열대 지역이어서 사탕수수를 재배하기에 매우 알맞은 조건이었다. 17세기 초 카리브제도의 전체 인구는 20만 명이 채 되지 않았고, 가장 큰 섬인 쿠바의 인구는 약 7,500명에 지나지 않았다. 하지만 대규모의 설탕 생산을 위해 매년 아프리카 원주민 5만 명 이상이 노예로 끌려왔다. 1791년 프랑스의 식민지인 아이티에서는 노예제도를 없애고 흑인이 정치권력을 쟁취하는 혁명이 발생했다. 아이티 혁명을 피해 많은 사람이 미국으로 이주했는데, 그중 대다수가 필라델피아로 피신했다.

1793년 필라델피아에서 황열병이 발생했다. 18세기 후반에 미국에서 발생한 전염병 가운데 가장 치명적이었다. 1793년 8월에 시작된 전염병은 11월까지 약 3개월 동안 지속되었는데, 당시 필라델피아 전체 인구의 10퍼센트 정도가 황열병으로 사망했다.

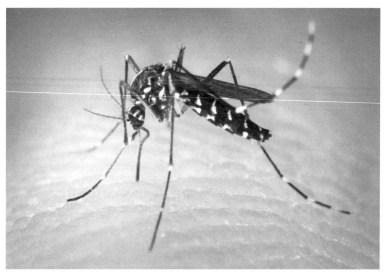

· 이집트 숲 모기
황열병은 이집트 숲 모기에 의해 전염되는 아프리카의 풍토병이다. 대서양을 건넌 아프리카 원주민이
아메리카에 황열병을 전염시켰다.

당시 필라델피아 인구 약 5만 명 중에 2만 명 정도가 전염병을
피해 도시를 버리고 피난을 떠났다. 황열병의 발생 원인은 19세
기 말에 비로소 밝혀지기 때문에, 당시 미국 의사들은 황열병을
둘러싸고 끊임없는 논쟁을 벌였다. 어떤 의사들은 도시가 오염
되어 전염병이 시작되었다고 주장했다. 또 다른 의사들은 필라
델피아항을 통해 다른 지역이나 국가로부터 이동해온 사람이나
상품 때문에 전염병이 발생했다고 주장했다. 의학적 논쟁은 결

국 전염병의 통제 문제를 둘러싼 공화주의와 연방주의의 정치적 논쟁으로 확대되었다. 공화주의자들은 도시의 위생 개혁을 주장한 반면, 연방주의자들은 검역과 격리를 주장했다. 황열병의 발생 원인을 명확하게 알지 못했기 때문에 발생한 일이었다.

20세기 이후 황열병은 아프리카의 풍토병이며, 강제 이주한 아프리카 원주민과 함께 아메리카로 옮겨졌다는 사실이 밝혀졌다. 15세기 말 콜럼버스를 비롯한 유럽인이 건너가면서 그들과 함께 아프로-유라시아의 다양한 전염병도 함께 건너갔다. 그 결과, 당시 아메리카 원주민의 90퍼센트 이상이 아프로-유라시아로부터 이동한 전염병으로 사망했다. 말 그대로 아메리카 원주민이 멸종한 것이다. 전염병 덕분에 유럽인은 쉽게 아메리카를 식민지로 정복할 수 있었다. 아메리카의 은과 금, 사탕수수와 커피, 면화 등을 재배해 상품화하고자 새로운 노동력이 필요했다. 그래서 황금해안에 사는 수많은 아프리카 원주민을 노예로 삼아 아메리카로 데려왔다. 이들과 함께 황열병도 함께 이동하면서 아메리카에 살던 유럽인에게 치명적인 영향을 미쳤다.

제3장

산업 네트워크의 확대와 전염병

01

도시화와 콜레라, 그리고 위생 개혁운동

산업혁명으로 사람들이 도시로 내몰리다

18세기 중반 영국은 전 세계적으로 가장 먼저 산업혁명이 발생한 지역이다. 소빙기 동안 혹독한 추위를 견디기 위해 목재 수요량이 급증했다. 하지만 목재 생산량이 수요량보다 적어 사람들은 새로운 연료를 찾아야 했는데, 이때 석탄이 관심을 끌게 되었다. 사실 인류는 오래전부터 석탄을 사용해왔다. 기원전 4세기 무렵 그리스의 문헌에는 철을 이용해 여러 도구를 만드는 대장간에서 석탄을 사용했다는 기록이 선해진다. 중국에서는 12세기 무렵 석탄을 가정용으로 사용하면서 세금을 부과했다는 기록이 남아 있다. 영국도 9세기 무렵부터 석탄을 알게 되었고, 13세기에는 잉글랜드 왕 헨리 3세(재위: 1216~1272)가 석탄 채굴과 관련된 면허를 발급하기도 했다. 하지만 뒤이어 왕이 된 에드워드 1세(재위: 1272~1307)는 석탄이 공기를 오염시킨다는 이유로 채굴을 금지했고, 석탄 사용량은 점차 감소하다가 소빙기 이후 다시 증가하기 시작했다.

처음에는 땅 위에 드러난 석탄을 사용하다가 석탄 소비량이 증가하면서 땅속에 묻힌 석탄을 채굴했다. 하지만 땅속의 석탄을 채굴하다 보니 심각한 문제가 발생했다. 땅속을 흐르는 지하수 때문에 석탄을 제대로 채굴할 수 없었기 때문이다. 당시 영국의 발명가인 토머스 뉴커먼은 대기압을 이용해 물을 끌어올리는 증기기관을 발명했다. 하지만 뉴커먼의 증기기관은 효율성이 상당히 떨어졌다. 수증기를 냉각시킬 때 실린더에 냉수를 넣는 방법을 사용했는데, 이때 실린더를 다시 가열시키려면 또 석탄이 필요했기 때문이다. 제임스 와트는 응축기를 따로 만들어 실린더 안에 있는 수증기를 관을 통해 밖으로 내보낸 뒤 실린더 외부에서 냉각시키는 장치를 발명했다. 이후 와트의 증기기관은 석탄 채굴뿐만 아니라 방직공장, 제분소, 제철소 등에서 널리 사용되었다.

증기기관을 새로운 동력원으로 이용하면서 기계에 의한 생산 방식이 등장했다. 면직물 공업 분야에서 가장 먼저 기계로 실이나 옷감을 만들었다. 금속공업이나 화학공업에서도 기계를 사용하기 시작했다. 기계의 사용은 대량생산을 초래했다. 지금까지는 필요한 양만큼 주문을 받아 생산했다면, 기계가 도입되면서 이전보다 더 많은 양을 생산할 수 있게 되었다. 대량생산 덕분에 상품 가격은 낮아졌고, 수요가 증가함에 따라 더 많은 상품을 생산하기 시작했다. 자본을 투자해 공장을 짓고 기계를 도입한 사람들은 많은 돈을 벌 수 있었다. 영국에서 처음 시작된 이러한 현상을 역사학자들은 '산업혁명'이라고 부른다. 산업혁명은 단순히 증기기관을 비롯한 기술혁신에만 그치지 않고 사회의 경제구조 전반에 영향을 미쳤다. 영국에서 시작된 산업혁명은 점차 다른 지역으로 확산되기 시작했다.

농촌에서 살던 수많은 사람이 도시로 이동해 공장에서 일하기 시작했다. 하지만 기계의 도입 이후 사람들 사이에 불안감이 감돌기 시작했다. 여러 사람이 하던 일을 기계가 대신 맡게 되자, 일자리를 잃는 사람들이 증가했기 때문이다. 노동자의 임금도 감소하기 시작했다. 더 낮은 임금으로 일힐 수밖에 없는 노동자들은 점차 불만이 쌓여갔다. 19세기 초에 영국은 프랑스와 전쟁 중이었기 때문에 경제 상황도 좋지 않았다. 일자리는 줄어들고 실업자는 늘어났으며, 임금을 제때 주지 않는 경우도 많았다. 이러한 경제 불황이 기계 탓이라고 생각한 많은 노동자들은 급기야 기계 파괴 운동을 일으키고 말았다.

· 러다이트 운동
잉글랜드의 노동자들은 공장의 기계가 자신들의 생존권을 침해한다고 여겨 기계 파괴 운동인 러다이트 운동을 일으켰다.

  1811년 기계 파괴 운동이 처음 발생한 곳은 잉글랜드 중북부의 노팅엄이다. 이 운동은 랭커셔와 체셔, 요크셔 등 북부의 여러 지역으로 급속히 확산되었다. 기계 때문에 임금이 낮아지고 일자리를 잃었다고 생각한 수많은 노동자가 합류했다. 네드 러드(Ned Ludd)라는 사람이 이 운동을 주도했다고 해서, 기계 파괴 운동을 '러다이트 운동(Luddite Movement)'이라고 부른다. 하지만 오늘날 역사학자들은 러드는 실존 인물이 아니라고 말한다. 어쨌든 영국 정부는 군대를 동원해 운동을 진압하고 많은 사람을 감옥에 가두었다. 이 가운데 상당수가 교수형에 처해졌다. 당시 영국 상원의원이자 시인인 조지 고든 바이런은 의회에서 노동자를 위해 연설을 하기도 했지만 별다른 영향을 미치지는 못했다.

열악한 도시에 집중적으로 퍼진 콜레라

러다이트 운동은 비록 실패로 돌아갔으나 당시 영국 사회에 기계가 얼마나 만연했는지 가장 잘 보여주는 역사적 사례다. 이후에 기계는 더욱 많은 분야에서 사용되기 시작했다. 수많은 사람이 농촌을 떠나 도시로 몰려들어 일자리를 구하고자 했다. 산업 네트워크가 형성됨에 따라 도시는 점차 일자리를 찾는 가난한 사람들이 모이는 공간이 되었다. 가난한 사람들은 제대로 먹지도 못하고 청결하지 않은 환경에서 거주해야 했다. 결국 거주지를 중심으로 콜레라가 창궐했다. 원래 콜레라는 인도 벵골 지역에서 발생한 풍토병이지만, 영국의 식민주의 징책과 함께 여러 지역으로 급속히 퍼져나갔다.

1600년 인도 및 아시아의 여러 지역과 무역을 하기 위해, 영국 국왕의 허가를 받은 영국 동인도회사가 설립되었다. 125명의 주주가 총 7만 2,000파운드의 자본으로 설립했는데, 당시 엘리자베스 여왕으로부터 15년 동안 인도 무역에 대한 독점권을 부여받았다. 인도에서 생산하는 면직물과 동남아시아의 차를 영국뿐만 아니라 전 세계적으로 교역하면서 막대한 부를 축적했다. 18세기 후반 영국은 인도통치법을 제정해 벵골 지역을 식민지로 삼았다. 역사학자들은 이때 벵골 지역에서 영국으로 이동하는 사람들이 콜레라를 영국에 전염시킨 것으로 추정하고 있다. 이후 동인도회사는 다른 국가와의 경쟁과 빈번한 전쟁으로 쇠락하기 시작했다. 1858년 동인도회사의 인도 통치권은 영국 정부에 넘어갔고, 회사는 결국 1874년에 해체되었다. 동인도회사는 설탕이나 차, 면직물 등 인도의 다양한 상품뿐만 아니라 치명적인 풍토병이 영국으로 이동하는 데 주요한 매개체였다.

1832년 2월 13일, 런던에서는 기이한 현상이 발생했다. 병원마다 수많은 환자가 몰려들었다. 환자들은 구토와 설사, 탈수 증상을 보였다. 콜레라의 전형적인 증상이었다. 1871년 벵골에서 발생한 콜레라는 인도뿐만 아니라 동남아시아까지 확산되어 수백만 명이 사망했다. 유럽으로도 번져 러시아와 폴란드에서는 25만 명 이상이, 프랑스에서는 10만 명 이상이 사망했다. 당시에 치명적인 전염병이 섬나라인 영국에까지 영향을 미칠 것이라고 생각하는 사람은 많지 않았다. 더욱이 겨울철이라 콜레라가 아예 발생하지 않을 것이라고 생각하는 사람도 많았다. 하지만 영국을 비롯한 유럽 전역에서 산업 네트워크가 급속하게 확산되고 있어 콜레라는 예상보다 훨씬 치명적이었다.

독일의 시인이자 저널리스트인 하인리히 하이네는 당시 유럽에서 유행한 콜레라를 목격하고는 다음과 같이 서술했다.

많은 사람이 갑자기 죽자 이것은 질병이 아니라 독에 의한 대량 학살이라는 말이 나돌았다. 빵집, 푸줏간, 술집, 채소 가게에 하얀 독을 뿌리고 다니는 자가 분명히 있다는 것이다. 나는 누군가에게 혐의자로 몰려 현장에서 참살당한 사람을 여섯 명이나 알고 있다.

콜레라로 뒤숭숭한 유럽의 분위기를 이보다 잘 묘사한 글도 없다. 영국도 예외가 아니었다. 1832년에 발생한 콜레라 때문에 런던에서는 2만 명 이상이 사망했다. 당시 런던 인구는 약 65만 명 정도였다. 콜레라의 발생 원인을 명확히 일지 못했기 때문에 효과적인 치료법은 없었다. 그저 콜레라 환자를 격리시키거나 죽어가는 모습을 지켜보는 것 외에는 별다른 방법이 없었다.

1832년 런던에서 콜레라가 갑자기 사라졌다가 1838년에 다시 발생했다. 당시 사망자 수는 약 1만 명이었다. 1849년에 발생한 콜레라 때문에 5만 명 이상이 목숨을 잃었다. 영국은 다른 어느 지역보다도 콜레라에 치명적이었다. 산업혁명 기간 많은 사람이 일자리를 찾아 도시로 몰려들었기 때문이다. 런던의 경우 1700년에는 인구가 55만 명 정도였지만, 콜레라가 만연한 1850년대에는 230만 명으로 네 배 이상 급증했다. 가난한 사람들이 모인 도시 위생은 매우 열악했다. 공장이나 가정에서 사용한 더러운 물이 그대로 강이나 호수로 흘러들었고 공장이 매연으로 공기도 오염되기 시작했다. 콜레라는 비위생적인 환경에서 더 빠르게 확산되었다.

콜레라를 막기 위한 국가적 노력

당시 사람들은 전염병의 발생 원인을 오염된 공기라고 생각했다. 영국뿐만 아니라 유럽과 미국에서도 마찬가지였다. 1854년 런던 브로드웨이에서 발생한 콜레라 때문에 열흘 사이에 500명 이상의 사람들이 사망했다. 당시 런던의 의사인 존 스노는 한 가지 가설을 제기했다. 콜레라가 오염된 공기가 아니라 오염된 물 때문에 발생한다는 것이었다. 자신의 가설을 입증하기 위해 콜레라가 발생한 마을을 방문해 수질을 조사하기 시작했다. 말 그대로 목숨을 건 조사였다. 스노는 콜레라에 걸린 아기의 기저귀를 세탁해 오염된 물이 브로드웨이 40번 가에 있는 공동 펌프로스며들었고, 그 펌프의 물을 마신 사람들이 콜레라에 걸렸다고 확신했다. 서둘러 공동 펌프를 제거했다. 그 결과, 콜레라 환자의 수가 급격하게 감소했다. 전 세계적으로 치명적인 영향을 미친 콜레라가 다름 아닌 오염된 물을 통해 확산된다는 사실이 밝혀진 것이다.

사실 영국은 세계 최초로 공중 보건법이 제정된 국가다. 1848년에 콜레라가 널리 확산되면서 국가가 위생과 보건에 관

• **존 스노의 공동 펌프**
존 스노는 콜레라의 원인이 오염된 공기가 아닌 오염된 물이라 생각해 런던에 설치된 공동 펌프를 제거했다. 그 결과 콜레라 환자의 수가 급감했다.

제3장 산업 네트워크의 확대와 전염병

심을 가지기 시작했다. 하지만 공중 보건법 제정에도 불구하고, 콜레라는 지속적으로 발생했다. 당시 영국 법률가 에드윈 채드윅은 콜레라를 막으려면 마을이나 도시의 위생 상태를 개선해야 한다고 주장했다. 그는 1840년에 도시에 사는 빈민들의 생활환경을 조사하게 되었는데, 이들의 비위생적인 환경에 소스라치게 놀라고 말았다. 채드윅은 일정 규모 이상이 사람들이 모여 사는 도시에 상설 보건 위원회를 설치하자고 제안했다. 1844년에는 국가가 공중 보건에 책임을 져야 하며, 국가 주도하에 상하수도를 정비해야 한다고 주장했다. 이를 계기로 영국에서는 도시 위생 개혁 운동이 일어났다. 물론 이 운동의 가장 중요한 목적은 유행성 콜레라 예방이었다.

콜레라는 비슷한 시기에 미국에서도 치명적인 영향을 미쳤다. 미국에서 처음 콜레라가 발생한 시기는 1832년이었는데, 다른 지역과 마찬가지로 콜레라의 발생 원인을 명확하게 밝히지 못했다. 같은 해 6월 뉴욕주는 새로운 공중 보건법을 제정했다. 캐나다에서 뉴욕으로 유입되는 사람과 상품을 철저하게 검역한다는 내용의 법이었다. 하지만 검역이나 환자 격리만으로 콜레라를 통제하기는 매우 어려웠다.

한편, 전염병을 예방하고 통제하기 위해 미국 사회 자체를 개혁해야 한다는 주장도 등장했다. 1832년에 처음 시작된 개혁 운동은 '도덕 개혁'이었다. 당시 사람들은 콜레라를 '부도덕한 인간에 대한 신의 처벌'이라고 생각했다. 18세기 말부터 19세기 초까지 인간의 원죄를 회개하고 도덕적인 완성을 추구하는 '신앙 대각성 운동'이 미국 사회에 널리 퍼졌다. 이로부터 영향을 받은 사람들은 도덕적 정화를 통해 콜레라를 통제할 수 있다고 믿었다. 금욕과 절제를 강조하고 금주까지 주장하는 사람들도 있었다. 술을 마시는 무절제한 생활이 치명적인 전염병의 발생 원인이라고 믿었다.

19세기 초부터 미국 사회로 이주한 이민자들 때문에 콜레라가 발생했다고 생각하는 사람들도 있었다. 산업 네트워크가 확대됨에 따라 많은 아일랜드인들이 일자리를 찾아 미국으로 입국했다. 하지만 당시 미국 언론은 아일랜드 이민자들을 사회에 매우 위협적인 존재라고 보도했다. 1832년 뉴욕에서 발생한 콜레라 사망자 약 3,500명 가운데 40퍼센트 이상이 아일랜드 이민자였기 때문이다. 언론은 아일랜드 이민자들의 지나친 음주와 무절제한 생활 때문에 미국 사회에 콜레라가 발생했다고 주장했다.

1849년에 뉴욕에서 다시 콜레라가 발생했다. 미국에서는 1848년 영국에서 제정된 공중 보건법과 채드윅이 주장한 도시

개혁 운동을 모방하기 시작했다. 당시 뉴욕을 비롯해 미국 대도시에서는 지저분한 물을 따로 배수하는 시설이 거의 없었다. 대부분의 가정에서는 지저분한 물을 수채통에 담고, 가득 차면 길거리나 근처의 강과 호수에 버렸다. 콜레라가 다시 발생하자 뉴욕의 주 보건국에서는 각 가정의 수채통 상태를 점검하기 시작했다. 개인의 권리를 침해하는 것이라고 반발하는 사람도 있었지만, 대부분의 시민은 주 보건국의 정책을 따랐다. 주 보건국은 화장실의 위생 문제도 관심을 가졌다. 당시 화장실은 주택 밖에 지어졌는데, 별다른 처리 시설이 없어 큰 통에 배설물을 모았다가 버렸다. 주 보건국은 지저분한 물이나 배설물을 처리하기 위해 도시 지하에 정화조를 설치해 위생과 공중 보건을 향상시키고자 했다.

미국은 하수처리 시설에도 많은 관심을 가졌다. 물을 위생적으로 공급하는 시설뿐만 아니라 지저분한 물을 처리하는 시설도 위생과 공중 보건에 매우 중요하다고 생각하는 사람들이 늘어났다. 파이프를 연결하는 하수도를 만들고 지저분한 물을 처리하는 기술이 개발되기 시작했다. 물론 하수처리 시설은 엄청난 자본이 들기 때문에 결국 주 정부가 책임질 수밖에 없었다. 당시 뉴욕 시민들은 하수처리 시설을 둘러싸고 찬성과 반대로 나뉘었다. 하수처리 시설을 찬성하는 사람들은 큰 비용이 드는 대규모 공사지만, 하수처리 시설이 생기면 수채통이나 배설물 통을 처리하는 비용이 감소하고 콜레라와 같은 전염병도 감소할 것이라고 주장했다. 하지만 하수처리 시설을 반대하는 사람들은 대규모 공사를 위해 시민들이 더 많은 세금을 낼 수밖에 없다고 하소연했다.

시민들의 논란 속에서 뉴욕주는 드디어 하수처리 시설 공사를 시작했다. 주 정부가 주도적으로 위생 개혁을 시행하는 것만이 치명적인 콜레라를 예방하고 통제할 수 있는 가장 중요한 방법이라고 생각했다. 1850년 미국에서 매우 중요한 보고서가 발표되었다. 「매사추세츠주 위생 위원회 보고서」인데, 보스턴 기업가인 레뮤얼 섀턱이 작성해 흔히 '섀턱 보고서'라고 불린다. 이 보고서는 미국 사회의 발전을 위해 공중 보건이 필수적이며, 특히 콜레라와 같은 지명적인 선념병을 동세하기 위해시는 공중 보건 전략이 중요하다고 강조했다. 치명적인 전염병을 퇴치하기 위해 이제 정부가 나서서 위생과 공중 보건에 관심을 가지기 시작한 것이다.

02

결핵이 드러낸 사회문제

역사상 가장 많은 사람을 죽인 전염병

붉은 하늘을 배경으로 몹시 괴로워하는 인물을 묘사한 그림이 있다. 하늘의 핏빛 구름은 절망적인 상황을 잘 보여주고 유령처럼 보이는 등장인물은 형태가 상당히 왜곡되어 있다. 우리에게도 잘 알려진 에드바르트 뭉크의 〈절규〉라는 작품이다. 1893년에 그려진 이 그림은 2012년 세계 2대 경매 회사 가운데 하나인 소더비 경매 회사가 주최한 행사에서 사상 최고가인 1억 1,990만 달러, 우리 돈으로 약 1,350억 원에 거래되어 화제가 되기도 했다. 뭉크는 이 작품을 그린 배경을 다음과 같이 설명했다.

친구 둘과 함께 길을 걸어가고 있었다. 해질 무렵이었고 나는 약간의 우울함을 느꼈다. 그때 갑자기 하늘이 핏빛으로 물들기 시작했다. 그 자리에 멈춰선 나는 죽을 것만 같은 피로감을 느끼며 난

간에 기댔다. 그리고 핏빛 하늘에 걸친 불타는 듯한 구름과 암청색 도시와 피오르에 걸린 칼을 보았다. 내 친구들은 계속 걸어갔고, 나는 그 자리에 서서 두려움에 떨고 있었다. 그때 자연을 관통하는 그치지 않는 커다란 비명을 들었다.

이 그림에 표현된 붉은 하늘이 화산 폭발 때문에 나타난 것이라고 해석하는 사람들이 많다. 실제로 1883년 8월 26일 지금의 인도네시아 자카르타에 있는 크라카토아화산이 폭발했다. 천체물리학자들에 따르면, 당시 미세한 암석 파편이 대기 중으로 떨어졌고, 같은 해 11월부터 다음 해 2월까지 전 지구적으로 붉은 하늘을 관찰할 수 있었다. 이들은 뭉크가 그림에서 표현하고자 한 절규는 화산 폭발음이라고 주장한다.

뭉크는 〈절규〉 외에도 죽음의 분위기를 연상시키는 그림을 그렸는데, 〈병든 아이〉가 대표적이다. 친누나인 소피에가 병에 걸린 모습을 그린 작품이다. 실제로 어머니와 누나가 모두 폐결핵으로 사망했다. 어린 시절 가족의 죽음을 목격한 이후 뭉크는 끊임없이 죽음을 의식하며 살았다. 폐결핵은 폐에 결핵균이 들어가 염증을 일으키면서 발생하는 질병이다. 기침과 가래가 대표적인 증상이고, 피가 섞여 나오기도 한다. 체중 감소와 피로감,

- **뭉크의 〈병든 아이〉**

  에드바르트 뭉크는 친누나 소피에가 폐결핵에 걸려 병상에 누워 있는 모습을 그림으로 남겼다. 뭉크의
  어머니와 친누나는 모두 폐결핵으로 사망했다.

발열도 함께 나타난다.

인류 역사상 가장 많은 사람을 죽인 전염병은 결핵으로 알려져 있다. 기원전 7000년 무렵 수렵·채집 시대의 화석에서 결핵의 흔적이 발견되고, 기원전 2400년 무렵 이집트의 미라에서도 흔적을 볼 수 있다. 결핵의 원인인 결핵균이 처음으로 발견된 시기는 1882년으로 비교적 최근이다. 독일 세균학자 로베르트 코흐는 아내가 선물해준 현미경으로 탄저균을 배양했다. 당시 유행한 탄저병은 탄저균이 묻은 풀을 소가 뜯어 먹고 그 소를 사람이 다시 먹으면서 발생한 전염병이다. 코흐는 탄저균을 배양해 동물에게 감염시키고, 탄저병에 걸린 동물로부터 탄저균을 분리해내는 데 성공했다. 그리고 탄저병의 원인이 세균이라는 사실을 밝혀냈다. 이후 결핵균도 성공적으로 분리했다. 1890년에는 결핵을 진단할 수 있는 투베르쿨린 검사를 시행했다. 코흐가 결핵균을 발견했다고 발표한 3월 24일은 '세계 결핵의 날'로 지정되었다. 하지만 항생물질 요법 등과 같은 결핵 치료법은 1940년대 이후에나 개발되었다. 결국 19세기 후반 코흐의 결핵균 발견 이후에도 오랫동안 효과적인 결핵 치료법은 시행되지 못했다.

결핵은 인류 역사상 매우 오래된 전염병 가운데 하나였지만, 산업 네트워크가 형성된 이후에 더욱 급속도로 확산되었다. 산

업혁명으로 새로운 형태의 네트워크가 만들어지고, 그 안에서
더 많은 사람이 도시로 몰려들기 시작했다. 과도한 노동과 불균
형한 식사, 도시의 비위생적인 환경은 결핵의 발생 및 확산에 주
된 원인이 되었다. 14세기에 유럽 인구의 3분의 1을 감소시킨 페
스트는 환자가 온몸이 검게 변하면서 사망했기 때문에 '흑사병'
이라고 불린다. 반면, 결핵에 걸린 사람은 창백해지면서 사망하
는 경우가 많아 '백색 페스트'라고 불린다.

미국의 인종차별과 결핵

전 세계적으로 퍼진 결핵은 미국도 피해 갈 수 없었다. 특히
미국에서 결핵이 빈번하게 발생한 지역은 버지니아주였다. 버지
니아주의 주도인 리치먼드는 20세기 초 산업화 및 도시화로 남
부에서 인구 밀도가 가장 높은 지역이었다. 리치먼드에서 결핵
환기는 매년 1만 명 이상이 나왔고, 사망자도 수도 5,000명이 넘었
다. 결핵으로 인한 사망률은 다른 질병보다 두 배 이상 높았다.
결국 주 정부는 결핵을 통제하기 위해 여러 전략을 실시할 수밖
에 없었다.

버지니아주 정부가 결핵을 통제하기 위해 시행한 정책 가운데
하나는 결핵 요양소 설립이었다. 당시 의사들은 결핵 치료의 가

장 좋은 방법은 충분한 햇빛을 쐬고 야외에서 좋은 공기를 마시면서 영양가 있는 음식을 섭취하는 것이라고 주장했다. 효과적인 결핵 치료법이 개발되지 않던 시기에 이보다 효율적인 치료법은 없었다. 의사들의 주장에 따라 버지니아주 정부는 미국에서 처음으로 주 정부가 후원하는 결핵 요양소를 설립했다. 최초의 결핵 요양소는 버지니아주 남서부에 있는 로어노크의 카토바 요양소였다. 오스트리아 식물학자 헤르만 브레머는 식물을 채집하기 위해 히말라야산맥으로 여행 갔다가 결핵이 완치되었다.

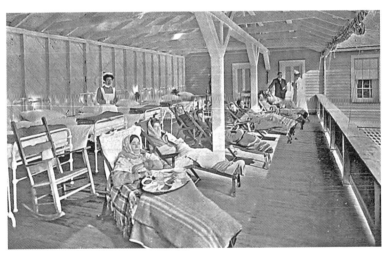

• 카토바 결핵 요양소
1909년 버지니아주 정부가 후원해 미국 최초로 설립한 결핵 요양소다. 결핵 요양소 설립 이후 결핵 사망률이 급격히 감소했다.

이후 그는 결핵이 '치료 가능한 질병'이라고 주장했고, 그의 주장은 여러 지역에서 받아들여졌다.

1908년 버지니아주 의회는 '베이커 법안'을 통과시켰다. 이 법안의 핵심 내용은 4만 달러의 예산으로 버지니아에서 결핵을 박멸시키는 것이었다. 베이커 법안으로 책정된 예산을 가지고 1909년 최초의 결핵 요양소인 카토바 요양소가 문을 열었다. 요양소에는 두 채의 별채와 42개의 병상이 있었다. 수많은 결핵 환자들이 전염병을 치료하기 위해 몰려들자, 주 정부는 버지니아 중부의 샬러츠빌에 블루리지 요양소도 설립했다. 결핵 요양소 설립 이후 버지니아에서 결핵 사망률은 3분의 1 이상 감소했다. 결핵 요양소에서 제공하는 휴식과 식사가 전염병을 치료하는 데 효과적이었던 것이다.

하지만 결핵 요양소는 한 가지 문제점이 있었다. 백인만을 위한 요양소였다는 점이다. 1964년 공공장소에서 인종차별을 금지하는 민권법이 통과되기 전까지 미국 사회에서는 백인과 흑인 사이의 차별이 만연했다. 당시 미국에서는 백인보다 흑인이 결핵에 훨씬 더 많이 걸렸다. 백인보다 흑인이 더 가난하고 노동을 더 많이 했기 때문이다. 흑인들 사이에서 결핵이 빠르게 확산되자 주 정부는 어쩔 수 없이 흑인을 위한 결핵 요양소를 설립하기로 했다. 1917년 버크빌에 미국 최초의 흑인 결핵 요양소가 설립되었다. 하지만 과정은 절대 쉽지 않았다. 처음에 흑인 결핵 요양소 부지로 선정된 지역은 아이버였는데, 지역 주민의 격렬한 반대에 부딪혔다. 두 번째로 선정된 린치버그에서도 마찬가지였다. 이유는 단 한 가지, 흑인을 위한 시설이라는 점이다.

결국 주 정부는 주민들의 반대를 무릅쓰고 버크빌에 흑인 결핵 요양소를 설립하기로 했다. 장소는 결정되었지만 미국 사회에 만연한 인종차별 문제는 여러 과정에서 드러났다. 샬러츠빌에 새로운 결핵 요양소를 설립할 때 시 정부는 부지나 수원 공급 문제를 적극 해결했고, 심지어 설립 비용의 절반 이상을 부담하기도 했다. 백인을 위한 결핵 요양소였기 때문이다. 버크빌에서는 이러한 노력이 전혀 없었다. 흑인 결핵 환자는 돌보아야 할 대상이 아니라 피하거나 무시해야 할 존재로 여겨졌다. 그나마 흑인 결핵 요양소 설립에 찬성한 사람들 대부분도 결핵이 백인에게 확산되는 것을 방지하기 위해 시설이 필요하다고 생각했다.

결핵, 빈부 격차 문제도 드러내다

20세기 초 결핵이 만연한 지역은 비단 미국만이 아니었다. 결핵은 우리나라에서도 많은 사람이 걸린 치명적인 전염병이었다.

33번지 유곽에서 일하는 매춘부 여성의 남편은 어느 날 아내와 정한 규칙을 어기고 외출했다가 집으로 돌아온다. 아내에게 혼날 것을 각오하지만 뜻밖에도 아내는 상냥하다. 아내가 준 약을 먹고 잔 그는 시간이 지난 후 그 약이 아스피린이 아니라 수면제라는 사실을 알게 된다. 그는 아내에게 돌아가지 않기로 하고 백화점 옥상으로 올라간다. 억압적인 세계에서 벗어나 자유와 해방의 세계로 날아가고 싶은 자신의 의지를 이렇게 표현한다.

나는 걷던 걸음을 멈추고 그리고 어디 한 번 이렇게 외쳐보고 싶었다. 날개야 다시 돋아라. 날자 날자 날자 한 번만 더 날자꾸나. 한 번만 더 날아보자꾸나.

이상(李箱)의 대표적인 소설 『날개』의 한 구절이다. 이상은 천재인 동시에 광인이라 불리며 우리나라 모더니즘 문학을 개적한 선구적인 작가다. 하지만 27세의 젊은 나이에 요절하는데, 사망 원인이 바로 폐결핵이었다고 한다.

2015년 세계보건기구의 보고에 따르면, 매년 1,000만 명 정도의 결핵 환자가 발생하고, 이 가운데 200만 명 이상이 사망한다. 전 세계적으로 결핵으로 사망하는 사람이 가장 많다. 에이즈나 말라리아보다 더 심각한 상황이다. 무엇보다도 심각한 것은 결핵 환자들 가운데 85퍼센트 이상이 인도와 아프리카에서 발생한다는 사실이다. 유럽이나 미국보다 늦게 산업화가 시작된 지역에서 빈곤과 과도한 노동, 불균형한 식사 등으로 결핵 환자가 급증하고 있는 셈이다. 하지만 아시아나 아프리카에서 결핵 환자가 급증하는 가장 큰 이유는 과거 유럽의 식민 지배를 받았다는 사실이다. 유럽인의 착취로 경제적 불평등과 늦어진 산업화 및 도시화 때문에 결핵은 아시아와 아프리카에서 가장 심각한 전염병으로 부상했다.

20세기 초 우리나라에서도 소설가 이상을 비롯해 많은 지식인이 폐결핵으로 사망했다. 당시 일본의 식민 지배를 받던 우리나라의 경제 현실을 생각해보면 충분히 가능한 일이었다. 하지만 더욱 충격적인 사실은 21세기의 현실이다. 회원국의 경제 발전을 모색하고 세계 경제 문제에 함께 대저하기 위해 설립된 경제협력개발기구(OECD)에는 우리나라를 포함해 총 35개 국가가 가입되어 있다. 그런데 우리나라는 OECD 국가 가운데 결핵 발생률이 가장 높다. 2018년 기준 우리나라 결핵 환자는 3만 3,000명 정도이며, 결핵 발생률은 다른 나라들에 비해 무려 일곱 배 이상 높다. 전문가들은 1950년에 발발한 6·25전쟁 때 결핵에 걸린 사람들이 아직 살아있기 때문에 결핵 환자가 많다고 주장한다. 따라서 고령층을 중심으로 결핵 검진과 투약을 적극적으로 시행해야 한다고 강조한다.

인류 역사상 가장 오래된 전염병인 결핵은 21세기에도 치명적인 영향을 미치고 있다. 결핵은 산업혁명 이후 산업 네트워크의 형성과 확산 속에서 장시간의 노동과 분균형한 식사로 기난한 사람들을 중심으로 널리 확산되었다. 이러한 점에서 결핵은 빈부 격차를 명확하게 보여주는 전염병이다. 우리나라를 제외하고, 오늘날 결핵이 가장 많이 발생하는 지역은 인도와 아프리카라는 사실에서도 이를 잘 알 수 있다. 하지만 결핵은 더 이상 한 지역이나 국가에서 해결할 문제가 아니다. 전염병은 글로벌 네트워크를 토대로 전 지구적으로 영향을 미치고 있다. 결핵을 비롯한 지명적인 전염병은 결국 전 세계가 어떻게 통제하고 예방할 것인지 함께 고민하고 해결책을 찾아야 한다.

대기근과 장티푸스

조선의 대기근과 '염병'

『조선왕조실록』은 조선 태조부터 철종까지 472년간의 역사를 시간 순서에 따라 편년체로 기록한 역사서다. 『조선왕조실록』에는 '염병(染病)'이라는 단어가 총 736회 등장한다. 우리나라에서 비속어로 사용되는 단어인 '염병'은 전염병을 줄인 말이기도 하지만 주로 장티푸스를 가리킨다. 염병이라는 단어가 가장 자주 등장한 시기는 제19대 숙종 때였다. 숙종 10년인 1684년 6월 29일자에는 다음과 같은 기록이 남아 있다.

충청도 홍주 등 14읍에 벌레가 화곡(禾穀)을 손상시켰고, 함경도 홍원 등의 고을은 충재(蟲災)가 남관과 마찬가지이고, 우역(牛疫)으로 죽은 소가 또한 400여 마리에 이르렀으며, 전라도는 충재가 매우 치성하고, 염병에 걸린 자가 또한 600여 명에 이르렀다.

숙종 14년인 1688년 5월 2일에도 '전라도에 염병으로 죽은 자가 거의 800여 명이나 되었다'는 기록이 존재한다. 당시 장티푸스 때문에 사망하는 사람이 매우 많았다는 사실을 알 수 있다.

『동의보감』은 광해군 2년인 1610년에 완성되고 1613년에 간행된 조선 최고의 의학 서적이다. 이 책을 지은 허준은 조선의 의학 전통을 계승해 중국과 조선 의학의 표준을 세우고자 했다. 『동의보감』에는 열한 권에 달하는 「잡병편」이 있는데, 여기에 '온역'이라는 질병의 원인과 증상, 치료법이 기록되어 있다. 온역은 집단 전염성 열병을 가리키며 오늘날의 관점에서 보면 장티푸스

• **허준의 『동의보감』**
허준의 『동의보감』은 전염병의 발생 원인을 귀신이나 하늘의 재앙으로 생각하지 않고, 구체적이고 현실적인 질병 치료법을 제안한다.

와 매우 유사하다. 『동의보감』에서는 온역이 발생하는 원인을 크게 두 가지로 설명한다. 온역은 나쁜 기운이 몰려 있다가 발산되거나 기후변화가 나타날 때 발생한다. 과거에는 전염병이 발생하면 원인을 밝히기보다는 귀신이나 하늘의 재앙으로 생각했다. 하지만 『동의보감』에서는 온역을 치료하는 방법으로 땀을 발산시키고 설사를 유발하는 것을 강조한다. 좀 더 구체적이고 현실적인 치료법이라 할 수 있다.

기후변화에 따른 전염병 발생은 기근이 찾아올 때 더욱 빈번했다. 1670년부터 1671년까지 대기근이 덮쳤다. 마지막 빙하기 이후 가장 추운 소빙기였고, 전 세계적으로 극심한 기후변화가 발생했는데 우리나라도 예외는 아니었다. 조선 제18대 왕인 현종 때 대기근이 경술년과 신해년에 발생했다고 해서 '경신 대기근'이라고 부른다. 『현종개수실록』에는 총 165편의 기근 관련 기록이 등장한다. 『중종실록』과 더불어 기근 기록이 가장 많다. 현종 5년인 1664년에는 다음과 같은 기록을 남겼다.

본부는 기근이 매우 심하고 염병이 크게 번져 혹 열 집, 혹 수십 집, 혹 온 마을이 모두 염병을 앓고 있습니다. 각부에서 앓고 있는 사람이 모두 합쳐 625인이고, 사망한 자가 40인이나 됩니다. 날마다 죽을 끓일 곡식을 청하는데, 쌀과 콩을 약간 모아준 것 외에는 달리 손을 쓸 데가 없습니다.

이후 현종 11년인 1670년에는 햇무리와 달무리가 나타났다는 기록이 있다. '평안도 이산군에 지난해 12월 29일에 흰 무지개가 해를 꿰뚫었으며, 희천군에서도 같은 날에 흰 무지개가 세 겹으로 해를 둘렀는데 꿰뚫지는 않았다'는 기록도 남아 있다. 낮에도 금성이 보였고, 유성과 운석이 떨어지기도 했다. 당시 많은 사람이 이러한 현상을 불길한 징조라고 생각했다. 1670년 1월 전라도에서는 문이 흔들릴 정도로 강한 지진이 발생했는데, 이후 경상도와 경기도에서도 마찬가지였다. 2월에 서울에서는 때늦은 눈과 우박이 내렸고, 5월과 6월까지 전국적으로 우박이 떨어졌다. 3월에 평안도에서는 서리가 내렸는데, 전 지구적으로 발생한 극심한 추위였다.

3월부터는 극심한 가뭄도 시작되었다. 당시 예조(禮曹)에서는 왕에게 기우제를 지낼 것을 요청했고, 그해 5월까지 총 여덟 번의 기우제를 지냈다. 가까스로 5월 말에 큰비가 내렸지만 이미 파종 시기를 놓쳐 전국적으로 농사를 망치고 말았다. 많은 사람이 굶주렸고 기근으로 사망자 수가 점점 늘어났다. 6월부터는 홍

수가 발생하고 해충이 곡식을 갉아먹었다. 경신 대기근으로 30만 ~40만 명이 희생되었다. 굶주림보다 전염병으로 사망하는 사람이 많았다. 당시 유행한 전염병으로는 천연두와 장티푸스, 이질 등이 있다. 특히 장티푸스는 제대로 먹지 못한 사람들 사이에서 급속히 확산되었고 수많은 사람이 목숨을 잃었다. 조선 역사상 가장 끔찍한 재난이었다.

기후변화로 인한 전염병은 여기서 그치지 않았다. 숙종 21년인 1695년부터 4년 동안 심각한 기근이 발생했다. 8월에 눈이 내리면서 저온 상태가 오래 지속되어 작물이 제대로 성장하지 못하는 냉해(冷害)가 발생했다. 곡물을 제대로 수확하지 못하자 다음 해에 곡물 가격이 4~6배 이상 급등하고 식량 부족 현상이 심각해졌다. 전국적으로 흉년이 심해지자 사람들은 경신 대기근과 같은 재앙을 걱정했다. 식량을 찾아 수많은 사람이 서울로 몰려들었는데, 숙송 22년인 1696년에 서울로 유입된 난민만 해도 약 1만 명이었다. 전국적으로 수십만 명이 고향을 버리고 다른 지역으로 이동했다. 날이 더운 여름철에는 전염병이 발생했는데, 장티푸스가 가장 치명적이었다. 기근으로 인한 영양실조에 더해 전염병으로 사망자 수는 더욱 급증했다. 이해에 평안도에서 장티푸스로 사망한 사람은 무려 60명 이상이었다. 역사학자들은 이 기근을 '을병 대기근'이라고 부른다.

'장티푸스 메리'가 슈퍼 전파자로 지목되다

1998년에 국내에 개봉한 영화 〈타이타닉〉은 1912년 4월 14일에 침몰한 타이타닉호 이야기를 다룬다. 당시 세계에서 가장 큰 선박인 타이타닉호가 잉글랜드 남동부에 있는 항구도시 사우샘프턴에서 출발해 뉴욕으로 가는 도중 침몰했다. 영화에서 주인공인 가난한 화가 지망생 잭 도슨(레오나르도 디카프리오 분)은 도박에서 이겨 타이타닉호의 삼등석 티켓을 얻게 된다. 아일랜드 청년들은 갑판에 뛰어올라 "나는 세상의 왕이다!"라고 외치며 미국 생활이 장밋빛 미래를 열어줄 것이라 기대했지만 결국 비참한 죽음을 맞이했다. 영화에서 타이타닉의 마지막 출항지는 아일랜드 남쪽에 있는 코브였는데, 이 항구도시는 아일랜드와 미국의 역사에서 매우 중요하다.

1845년 감자역병균 때문에 아일랜드에서 심각한 대기근이 발생했다. 이미 1740년에 발생한 기근으로 수십만 명이 사망해 많은 아일랜드인이 다른 지역으로 이주하기도 했다. 대기근 기간에 다른 지역으로 이주한 아일랜드인은 약 100만 명에 달했다. 코브에서 뉴욕으로 가는 선박에 가장 많은 사람이 탑승했다.

20세기 초 뉴욕 전체 인구의 약 4분의 1이 아일랜드 이민자였다. 하지만 유럽의 다른 지역에서 이주한 사람들보다 훨씬 가난했다. 아일랜드 이민자들은 대부분 뉴욕시 로어 맨해튼에 있는 파이브 포인츠 같은 빈민가에 몰려 살았다. 더욱이 이들은 가톨릭교도였다. 미국 사회는 표면적으로는 종교적 다양성을 인정했지만, 프로테스탄트가 주된 세력이었기 때문에 토착 미국인에게 아일랜드 이민자들은 결코 반가운 존재가 아니었다.

대기근 기간에 아일랜드에서는 티푸스나 이질이 자주 발생했다. 따라서 미국에서 티푸스나 이질 등 전염병이 발생하면 미국인들은 아일랜드 이민자 탓으로 돌렸다. 아일랜드 이민자는 점차 미국 사회에서 위협적인 존재로 인식되기 시작했다. 아일랜드 이민자에 대한 미국인의 편견과 두려움은 19세기 중반 유행성 콜레라가 발생했을 때나 20세기 초 치명적인 인플루엔자가 발생했을 때 더욱 잘 드러났다. 아일랜드 이민자가 모여 사는 거주지가 전염병의 온상이라고 비난했다. 무엇보다도 아일랜드 이민자에 대한 미국인의 부정적인 시선을 가장 잘 보여주는 일화는 '장티푸스 메리' 사건이었다.

아일랜드에서 태어난 메리 맬런은 1884년에 미국으로 이주했다. 1900년부터 1907년까지 요리사로 일한 그녀의 첫 직장은 뉴욕주 웨스트체스터 카운티의 매머로넥에 위치한 어느 식당이었다. 하지만 그녀가 이곳에서 일한 지 2주 뒤에 마을 주민들이 장티푸스에 걸리기 시작했다. 살모넬라 타이피균이 일으키는 장티푸스는 발열과 복통, 구토, 설사 등의 증상이 나타난다. 주로 보균자의 대소변에 오염된 음식이나 물을 섭취한 경우 감염된다. 1898년 영국의 세균학자 알모스 라이트가 장티푸스 환자 및 보균자의 대소변에서 병원균을 발견했다. 식사하기 전이나 화장실을 다녀온 뒤에 손을 깨끗이 씻으면 장티푸스를 예방할 수 있다고 주장했다. 후일 그는 장티푸스 백신을 개발하기도 했다. 메리는 무증상 보균자여서 실제로 그녀가 장티푸스를 감염시켰는지 밝히는 데는 상당한 시간이 걸렸다.

1901년 메리는 맨해튼의 한 가정집에서 요리사로 일했다. 메리가 만든 음식을 먹은 가족들은 장티푸스 증상을 보였고, 그 집에서 일하던 세탁부는 사망했다. 무증상 보균자인 메리에게 감염된 환자 가운데 첫 사망자였다. 1906년에는 롱아일랜드 서북쪽에 있는 오이스터 베이의 가정집에서 일했는데, 가족 11명 가운데 10명이 장티푸스로 병원에 입원했다. 그녀가 직장을 옮길 때마다 장티푸스가 발생한다는 사실을 알게 된 뉴욕시 보건국에서는 당시 뉴욕시 이민 공동체의 공중 보건을 조사하던 의사 사

라 베이커와 함께 그녀를 추적하기 시작했다. 1908년 결국 메리
는 사라에게 잡혀 감옥에 갔혔다. 당시 이 사건은 미국 의학계
와 과학계에서 큰 관심을 불러일으켰다. 그녀의 요리하는 습관
을 관찰한 사람들은 놀라움을 금치 못했다. 손도 제대로 씻지 않
은 채 음식을 만들었고, 그녀의 담낭에서는 살모넬라 타이피균
이 발견되었다.

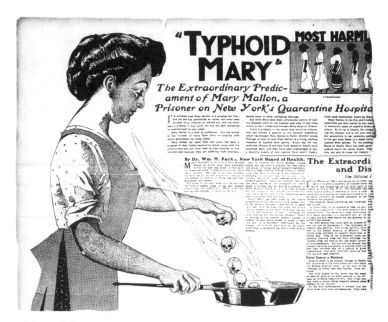

• 장티푸스 메리
장티푸스에 걸린 메리 맬런은 요리사로 일하는 동안 수많은 사람을 감염시키지만, 본인은 아무런 증상
을 보이지 않는다. 그녀는 미국에서 최초로 무증상 보균자의 사례가 되었다.

1910년까지 격리 조치를 받은 메리는 다시 요리사가 되지 않기로 약속하고 풀려났다. 언론의 관심을 많이 받은 탓인지 이름을 메리 브라운으로 바꾸고 세탁부로 일했지만 돈을 많이 벌지는 못했다. 그래서 보건국의 감시를 피해 다시 요리사로 일하기 시작했다. 몇 년 뒤 뉴욕의 산부인과에서도 신생아들이 장티푸스에 걸리는 사건이 발생했다. 뉴욕시 보건국의 공중 보건 조사 요원이었던 의사 조지 소퍼는 메리의 이동 경로를 추적했고, 마침내 산부인과에서 요리사로 일하는 그녀를 발견했다. 당시 뉴욕시 보건국에서는 메리가 요리사라는 직업을 그만둔다면 별다른 조처를 취하지 않겠다고 했지만, 그녀는 이 제안을 거부했다. 결국 죽을 때까지 수용소에 격리되고 말았다. 사실 보균자라는 이유로 남은 일생 동안 수용소에 격리된 사람은 메리 외에 없었다. 그래서 메리가 슈퍼 전파자였지만, 그녀가 아일랜드 이민자이자 여성이었기 때문에 받을 수밖에 없었던 또 다른 차별이라고 주장하는 사람들이 많다.

제4장

전쟁과 전염병

01

미국내전과 세균성이질

작은 여인이 일으킨 거대한 전쟁

미국 중남부 켄터키주 어느 마을의 유지인 셸비는 자신의 빚 때문에 가장 충직한 노예인 톰을 노예 상인에게 판다. 노예 상인 헤일리에게 팔려 간 톰은 미시시피강을 따라 운항하는 배에서 에반젤린이라는 소녀를 만난다. 강에 빠진 에반젤린을 구해 준 덕분에 그녀와 함께 살게 된다. 하지만 에반젤린과 그녀의 아버지가 죽으면서 톰은 면화를 재배하는 레글리의 집으로 팔려 간다. 레글리는 노예들을 매우 가혹하게 다루는데, 톰과 친하게 지내던 한 흑인 여자 노예가 도망가자 톰이 대신 심한 고문을 받고 결국 죽게 된다. 미국 역사상 최초로 밀리언셀러가 된 소설 『톰 아저씨의 오두막』의 줄거리다. 노예제도를 반대한 저자 해리엇 비처 스토는 흑인 노예의 비참한 실상을 톰이라는 등장인물을 통해 실감나게 묘사했다. 미국 제16대 대통령 에이브러햄 링

• 링컨과 비처 스토

미국 대통령 링컨은 『톰 아저씨의 오두막』의 저자 비처 스토를 만났을 때 '거대한 전쟁을 일으킨 작은
여인'이라고 말했다.

컨은 해리엇 비처 스토를 만났을 때 '거대한 전쟁을 일으킨 작은
여인'이라고 말했다. 그녀의 소설로 촉발된 거대한 전쟁은 다름
아닌 미국내전(Civil War)이었다.

미국내전은 1861년부터 1865년까지 미국 연방이 북부와 남
부로 분열되어 발생한 전쟁이다. 많은 사람이 미국내전의 원인
으로 흑인 노예제도를 거론하지만, 사실 전쟁의 진짜 원인은 오

래전부터 존재해온 미국 사회의 지역 갈등이었다. 19세기 초 미국은 동북부에서 점차 서쪽으로 영토를 개척해나갔다. 1803년에 프랑스로부터 루이지애나를 구입했고, 1819년에는 스페인으로부터 플로리다를 사들였다. 미시시피강 유역까지 영토가 확대되자 애팔래치아산맥을 넘어 서쪽으로 이주하는 사람들이 증가했다. 18세기 말까지 애팔래치아산맥 서쪽의 인구는 전체 인구의 약 6퍼센트밖에 되지 않았지만, 50년 뒤에는 30배 이상 인구가 증가했다. 주로 모피 상인과 농민, 선교사가 서부로 이주했다. 무엇보다도 서부의 토지 가격은 동부보다 20배 이상 저렴했기 때문에 많은 사람이 서부로 이주하기 시작했다.

서부로 영토가 확대되면서 국가 발전을 위해 동부와 서부를 연결할 필요가 있었다. 당시 미국 동부에는 유료 도로가 건설되었고, 19세기 초부터는 수로와 운하 건설이 활발해졌다. 1825년에 완성된 이리운하는 허드슨강 유역의 올비니와 이리호 근처의 버펄로를 연결하는 최초의 운하였다. 19세기 중반부터 철도가 새로운 교통수단으로 등장하면서 여러 지역이 훨씬 긴밀하게 연결되기 시작했다. 그 결과, 미국은 이제 세 지역으로 구분할 수 있었다. 첫째는 북부와 중부를 합친 북동부 지역, 둘째는 오대호 근처의 북서부 지역, 셋째는 남부와 미시시피강 유역을 합친 남서부 지역이었다. 북동부 지역은 산업이 발달했고, 북서부 지역은 옥수수 농업이 발달했다. 남서부 지역은 면화와 쌀을 주로 재배했다. 19세기 동안 세 지역은 서로 다른 경제 구조와 이해관계를 중심으로 대립하기 시작했다. 이러한 대립은 필연적으로 수많은 갈등과 타협을 야기할 수밖에 없었다.

1820년 연방에 가입한 미주리주가 가장 먼저 정치 이슈이 중심으로 떠올랐다. 미시시피강 서쪽에 있는 미주리주는 노예주(노예제도를 인정하는 주)로 연방 가입을 신청했는데, 당시 미국에는 22개 주 중에서 노예주와 자유주(노예제도를 인정하지 않는 주)가 각각 11개씩 균형을 이루고 있었다. 미주리주가 노예주로 연방에 가입하면 균형이 깨지기 때문에 북동부와 북서부는 미주리주가 노예주로 연방에 가입하는 것을 반대했다. 결국 노예주와 자유주의 균형을 맞추기 위해 미주리주는 노예주로, 뉴잉글랜드 북쪽에 있는 메인주는 자유주로 가입하도록 했다. 더불이 북위 36도 30분을 기준으로 북쪽은 자유주, 남쪽은 노예주가 성립한다고 결정했다. 역사학자들은 이를 두고 '미주리 타협' 또는 '1820년의 타협'이라고 부른다.

정치적 갈등은 여기서 끝나지 않았다. 1824년에는 관세를 둘러싼 갈등이 발생했다. 당시 관세는 20~25퍼센트였는데, 연방 정부가 관세를 30퍼센트 이상으로 인상하려고 하자 지역 간 대립이 심해졌다. 국무장관 헨리 클레이는 관세 인상을 위해 북동부와 북서부를 결합하고자 했다. 높은 보호 관세에서 얻는 수입으로 도로 및 운하를 건설하면 산업이 발달한 북동부의 공산품과 농업이 발달한 북서부의 농산물의 거래가 더욱 활발해져 두 지역 모두 경제가 발전할 수 있다고 주장했다. 이른바 '아메리칸 시스템'이다. 하지만 남부가 아메리칸 시스템에서 이탈하면서 점차 북부와 남부의 대립 구도가 형성되기 시작했고, 두 지역의 갈등은 1830년대 이후 더욱 고조되었다.

1828년 미국 최초의 철도가 개통되었다. 메릴랜드주 볼티모어에서 중북부에 있는 오하이오주까지 연결하는 철도였다. 최초의 철도는 바람이나 말의 힘으로 운행되었지만, 영국에서 증기기관차를 수입하면서 미국 내 여러 지역에서 본격적으로 철도가 건설되었다. 하지만 여전히 북동부와 북서부를 연결하는 철도가 대부분이었다. 특히 19세기 중반까지 북부에서는 제철공업과 광산업, 운수업 등이 발달하면서 철도의 필요성은 더욱 급증했다. 반면, 남부에서는 여전히 흑인 노예 노동력을 이용한 대규모 플랜테이션 농장에서 면화나 담배, 쌀 등을 생산했는데, 당시 남부에는 약 200만 명의 흑인 노예가 있었다. 미국의 영토가 서부로 팽창하면서 노예제도도 점차 확산되었다. 이 시기에 노예제도를 반대하는 사람들은 여러 단계에 걸쳐 노예주에게 경제적으로 보상해주면서 노예를 해방할 것을 주장했다.

하지만 1830년대 이후 노예제도에 대한 미국인들의 시각은 급격하게 변했다. 언론인 윌리엄 로이드 개리슨이 노예의 즉각적인 무상 해방을 주장하면서 노예제도 폐지 운동에 찬성하는 사람의 수가 증가했다. 이와 함께 많은 사람이 캘리포니아로 이주하기 시작했다. 1848년 1월에 캘리포니아에서 사금이 발견되었기 때문이다. 수많은 사람이 일확천금을 꿈꾸며 캘리포니아로 이주한 현상을 두고 역사학자들은 '골드러시'라고 부른다. 골드러시 덕분에 캘리포니아의 인구는 약 10만 명 정도로 급증했고, 자유주로 연방에 가입 신청을 했다. 이에 남부 사람들이 불만을 품자 1850년에 또다시 타협안이 제시되었다. 캘리포니아는 자유주로 연방에 가입하되, 새로 얻은 영토를 뉴멕시코주와 유타주로 나누고, 그 지역에서 노예제도 채택 여부는 주민들의 의사에 따라 결정하는 것이었다. 워싱턴 D. C.에서 노예 매매를 금지하는 대신 남부에서 북부로 도망친 노예들을 체포하는 것을 더욱 강화한다는 내용도 포함하고 있었다.

하지만 이러한 타협으로는 노예제도를 둘러싼 북부와 남부의 인식뿐만 아니라 서로 다른 경제 구조와 이해관계, 그로부터 발생하는 정치 갈등을 완전히 해결하지 못했다. 일종의 휴전에 불과했기 때문이다. 당시 미국에는 자유주가 16개, 노예주가 15개여서 남부는 '1850년의 타협'에 불만을 품고 있었다. 남부에서는 노예제도를 더욱 확장하려 했고, 도망 노예법을 제정해 도망친 노예를 다시 남부로 강제 이송했다. 북부도 타협에 만족하지 않았다. 노예주(主)나 그 대리인의 증언만으로도 북부에 살고 있던 자유 흑인이 도망 노예로 판정되어 남부로 끌려가는 일이 빈번했기 때문이다. 그런데 이 시기에 '캔자스-네브래스카 법'이 통과되었다. 텍사스주 북쪽 지역 중 남쪽은 캔자스주로, 북쪽은 네브래스카주로 나누고 해당 지역의 노예제도 채택 여부를 주민 의사에 따라 결정한다는 내용이었다.

이 법에서 가장 중요한 골자는 '1820년의 타협'을 무효화하는 것이었다. '1820년의 타협'에 따르면, 북위 36도 30분 이북에 있는 캔자스주와 네브래스카주는 모두 자유주가 되어야 했기 때문이다. 북부 사람들은 이러한 결정에 분노했다. 단순히 노예제도만의 문제가 아니었다. 자유주로 대변되는 북부와 노예주로 대변되는 남부의 정치·경제적 우위를 둘러싼 문제였기 때문이다. 1857년 연방 대법원은 결정적인 판결을 내렸다. 드레드 스콧은 노예주인 미주리주의 흑인 노예였는데, 주인을 따라 자유주인 일리노이주 위스콘신에 살았다. 이후 미주리주로 돌아와서 자신이 자유주에서 살았기 때문에 더 이상 노예가 아니라고 주장하면서 소송을 제기했다. 연방 대법원은 연방헌법에서 흑인을 시민으로 인정하지 않기 때문에 스콧이 소송을 제기할 권한이 없다고 판결했다. 또 자신이 의지대로 다시 노예주로 돌아왔기 때문에 그의 신분은 노예라고 판결했다. 이 판결을 둘러싸고 남부와 북부는 더욱 격렬하게 분열되었다.

1860년 대통령 선거가 열렸다. 민주당에서는 캔자스-네브래스카 법을 제안한 스티븐 더글러스가 후보로 지명되었고, 공화당에서는 링컨이 후보로 지명되었다. 선거 결과 링컨은 일반투표에서 약 40퍼센트밖에 얻지 못했지만, 선거인단 투표에서 더글러스를 이겨 대통령에 당선되었다. 링컨의 당선 이후 사우스캐롤라이나주는 연방 탈퇴를 선언했다. 잇달아 미시시피주와 플로리다주, 앨라배마주, 조지아주, 루이지애나주, 텍사스주도 연방 탈퇴를 선언했다. 이들은 1861년 앨라배마주에 있는 몽고메리에 모여 '남부연합'을 설립하고, 제퍼슨 데이비스를 대통령으로 선출했다. 이렇게 연방은 분열되기 시작했다. 1861년 3월 4일, 대통령 취임 연설에서 링컨은 다음과 같이 말했다.

전쟁 실시의 여부는 불만을 품은 남부연합에 달려 있다. 연방 정부는 남부연합을 공격하지 않을 것이다. 남부연합이 먼저 공격하지 않는 한 무력 충돌은 없을 것이다.

가장 먼저 연방을 탈퇴한 사우스캐롤라이나주의 찰스턴에는 연방군의 기지인 섬터 요새가 있었다. 대통령이 된 링컨이 가장 먼저 한 일은 남부연합 안에 고립된 섬터 요새를 보호하는 것이었다. 섬터 요새를 그대로 두면 남부연합을 인정하는 것이 되고, 식량과 군대를 보내 요새를 보호하면 전쟁이 발발하게 된다. 결국 링컨은 식량을 보내기로 마음먹고 남부연합에 그 내용을 전달했다. 그러자 남부연합은 곧장 섬터 요새를 함락시켰다. 이렇게 시작된 미국내전은 4년 동안 지속되었다. 처음 전쟁이 발생했을 때 북부가 남부보다 훨씬 유리해 전쟁이 금방 끝날 것으로 생각했다. 당시 북부의 인구는 2,200만 명 성노인데 반해, 남부는 백인이 550만 명, 흑인이 350만 명 정도였다. 북부의 자본은 남부보다 아홉 배 이상 많았다. 식량 생산량이나 철도도 북부가 훨씬 월등했다. 하지만 주로 남부에서 전쟁이 치러지면서 남부는 공격보다는 방어에 치중했다. 남부를 공격하고 정복해서 다시 연방에 가입시켜야 하는 북부보다 남부가 유리했다.

노예 해방을 주장하는 북부의 급진주의자들은 링컨에게 노예 해방 선언을 촉구했다. 링컨은 미국내전이 노예 해방을 위한 전쟁이 아니라 연방을 유지하기 위한 전쟁이라고 생각했다. 1862년 그는 노예 해방을 촉구하는 한 신문사에 다음과 같은 답변을 보냈다.

　　이 전쟁에서 가장 중요한 목적은 연방을 유지하는 것이지 노예제도의 유지나 폐지가 아니다. 단 한 명의 노예도 해방하지 않고 연방을 유지할 수 있다면 나는 그렇게 하겠다. 만일 모든 노예를 해방해서 연방을 유지할 수 있다면 나는 그렇게 하겠다.

　　링컨의 답변은 미국내전이 노예 해방이나 노예제도 폐지 때문에 발생한 전쟁이 아니라는 사실을 분명하게 보여준다. 전쟁이 발생했을 때 남부연합은 남부 지역에서 생산되는 면화를 수입하는 영국이 남부의 편에 설 것이라 확신했다. 사실 전쟁이 발생했을 때 영국은 중립을 선언했지만, 영국이 어떤 결정을 내릴 것인지 명확하지 않았다. 북부에서는 영국의 간섭을 막아야만 했고, 이를 위해 링컨은 하나의 선언문을 발표했다. 바로 '노예 해방 선언문'이다.

• 노예 해방 선언문

1863년 링컨은 북부에 대항하는 남부 지역의 노예에 대한 해방을 선언했다. 이 선언은 미국뿐 아니라 해외에서도 지속적인 영향력을 미쳤다.

1863년 1월 1일, 링컨은 노예 해방을 선언했다. 하지만 이 선 언문으로 미국의 모든 노예가 해방된 것은 아니다. 선언문의 내 용은 1863년 1월 1일 당시 북부에 저항하는 남부 지역의 노예를 해방하는 것이었기 때문이다. 다시 말해, 링컨의 '노예 해방 선언 문'에는 북부의 노예나 연방을 탈퇴하지 않은 남부의 노예가 포함되지 않았다. 더욱이 북부에 저항하는 남부 지역은 남부연합을 형성해 연방으로부터 탈퇴했기 때문에 이 선언문이 적용되지 않았다. 결국 링컨의 노예 해방령은 미국내전 동안 단 한 명의 노예도 해방시키지 못했다. 그러나 1865년 1월 연방 의회는 미국 전역에 걸쳐 노예제도를 금지하는 법안을 통과시켰다. 이 법안은 미국내전이 끝난 1865년에 각 주의 비준을 받아 헌법 수정 소항 제13조가 되었다.

노예제도만큼이나 끔찍한 세균성이질

미국내전 동안 사망자 수는 약 62만 명이었다. 미국 역사상 가장 많은 사망자가 발생한 전쟁이었다. 하지만 이 가운데 전투로 사망한 사람은 전체 사망자의 약 3분의 1에 불과하다. 그렇다면 나머지 3분의 2에 해당하는 약 40만 명은 왜 목숨을 잃었을까? 그것은 다름 아닌 전염병 때문이었다. 그중 가장 심각한 전염병은 세균성이질이었다. 세균성이질은 주로 환자의 배설물을 통해 시겔라균에 감염되어 발생한다. 매우 적은 양의 세균으로도 감염이 일어나는데, 오늘날 전 세계적으로 1억 5,000만 명 이상의 환자가 발생하고 있다. 발열이나 복통, 구토, 피가 섞인 설사가 주된 증상이다. 미국내전 당시 북군에서는 약 4만 5,000명

이, 남군에서는 약 5만 명이 세균성이질로 사망했다. 전염병으로 사망한 사람들 가운데 약 4분의 1이 세균성이질로 죽은 것이다.

미국내전 당시 전쟁터의 위생 상태는 매우 심각했다. 의사들은 소독도 제대로 하지 않은 채 의료용 도구를 사용했고, 환자들은 마취제나 진통제 없이 통증을 이겨내야만 했다. 물론 당시에는 세균성이질이 발생하는 이유를 명확하게 규명하지도 못했다. 따라서 전쟁터에서 가장 심각한 전염병인 세균성이질을 치료하기 위해 다양한 치료법을 활용했는데, 이 가운데 가장 많이 사용한 치료법은 모르핀이었다. 오늘날에도 마약으로 취급되는 모르핀은 아편에 10퍼센트 정도 포함되어 있다. 강한 마취와 진통 진정 효과가 있어 당시 의사들은 모르핀을 사용했다. 구토나 발열, 설사 등 부작용이 나타났는데, 의사들은 이러한 증상이 세균성이질 때문에 발생하는 것인지, 모르핀의 부작용으로 발생하는 것인지 구별할 수 없었다. 미국내전이 끝난 뒤 모르핀에 중독된 수많은 병사가 금단 현상을 견디지 못해 모르핀 중독을 '군대 병'이라고 부르기도 했다.

조지아주의 앤더스빌에는 국립묘지가 있다. 미국내전 당시에는 가장 큰 포로수용소였는데, 수용소의 상황은 말할 수 없이 끔찍했다. 식량은 터무니없이 부족했고, 물은 오염되어 있었으며,

비위생적인 환경 때문에 포로수용소에 갇힌 북군 병사들 사이에서 치명적인 전염병이 발생하지 않을 수 없었다. 가장 빈번하게 발생한 전염병이 바로 세균성이질이었다. 당시 앤더스빌 수용소가 수용할 수 있는 인원은 1만 명 정도였다. 하지만 수용소에 갇힌 사람들은 약 5만 명 정도였고, 이 가운데 1만 5,000여 명이 사망했다. 사망 원인은 비위생적이 환경 때문에 급속히게 확산된 세균성이질이었다. 끔찍한 환경은 포로로 잡힌 병사들이 탈출을 시도하는 결정적인 계기가 되었다. 하지만 남군은 탈출을 막기 위해 수용소 주변에 울타리를 둘러치고, 이 울타리를 넘는 사람들은 무조건 사살했다. 당시 이 울타리를 죽음의 선이라고 불렀는데, 오늘날 마감 시한을 의미하는 '데드라인(dead line)'이 바로 여기서 유래한다.

영토의 확대와 더불어 네트워크의 연결은 결국 끔찍한 전쟁을 초래했다. 하지만 미국내전은 단순히 노예제도를 비슷한 미국 사회의 정치적 분열만 초래한 것이 아니다. 원인도 제대로 알지 못하고 효과적인 치료법도 없던 세균성이질 때문에 미국내전은 미국 역사상 가장 끔찍한 전쟁이 되고 말았다.

제1차세계대전과 '1918년 인플루엔자'

'유럽의 화약고'에서 제1차세계대전이 터지다

인류 역사상 가장 치명적인 전염병은 무엇이었을까? 아마도 흑사병을 꼽을 수 있을 것이다. 그렇다면 얼마나 많은 사람이 이 전염병으로 사망했을까? 1346년부터 1350년 사이에 유럽 전체 인구의 3분의 1에 해당하는 7,500만 명 이상이 흑사병으로 사망했다고 한다. 이 시기에 의학이나 과학이 발전하지 못했기 때문에 전염병은 더욱 치명적이었다. 그런데 흑사병과 맞먹을 정도로 인류 역사에 지명적인 영향을 미친 전염병이 비교적 최근인 20세기 초에도 등장했다.

오늘날 보스니아 헤르체고비나의 수도인 사라예보에서 사건이 발생했다. 오스트리아 황태자 부부가 암살된 것이다. 발칸반도는 14세기부터 이슬람제국의 지배를 받아왔다. 그러나 19세기 이후 이슬람의 지배에서 벗어나려는 민족주의 운동이 시작되었고, 세르비아인이 그 중심에 있었다. 발칸반도로 진출하려던 러시아는 이들을 지지했다. 하지만 오스트리아와 영국, 프랑스, 독일은 러시아 세력을 막기 위해 조약의 내용을 수정했고, 그 결과 세르비아인이 많은 보스니아는 오스트리아의 지배를 받았다.

이러한 상황 속에서 오스트리아 황태자 부부가 사라예보를 방문하자 세르비아인들의 분위기가 좋지 않았다. 결국 황태자 부부는 세르비아 비밀 결사대인 '검은 손' 대원들에게 암살당했다. 이에 오스트리아가 사라예보에 선전포고를 하면서 제1차세계대전이 시작되었다. 사실 제1차세계대전의 원인은 훨씬 복잡했다. 15세기 이후 유럽은 아프로-유라시아의 주변부에서 중심부로 점차 이동하면서 아시아와 아프리카의 많은 지역을 식민지로 삼았다. 유럽의 관심은 이제 중국과 이슬람제국이 지배한 발칸반도였다. 특히 발칸반도는 유럽과 아시아를 연결하는 중요한 통로였기 때문에 영국과 독일의 이해관계가 상충하기 시작했다. 이미 산업화를 경험한 식민 제국과 새로 산업화가 시작된 신흥국가 사이의 충돌이었다.

이른바 '유럽의 화약고'라 불린 발칸반도의 정치·경제적 이해관계의 충돌은 유럽 여러 국가가 참가하는 전쟁으로 확대되었다. 오스트리아가 세르비아에 선전포고를 하자, 러시아는 오스트리아에 선전포고를 했다. 당시 독일은 오스트리아, 이탈리아와 동맹을 맺었고, 영국은 프랑스, 러시아와 동맹을 맺었다. 독일은 오스트리아의 편을 들면서 러시아에 선전포고를 했고, 중립국인 벨기에를 침공했다. 그러자 영국은 독일에 선전포고를 했다. 이처럼 복잡한 과정을 거치면서 전쟁은 확대되었다.

1914년에 전쟁이 시작된 이후 미국은 오랫동안 중립을 유지했다. 하지만 독일의 무제한 잠수함 작전으로 대서양을 건너 미국을 오가던 선박 루시타니아호가 침몰해 미국인 승객 128명이 사망하자 미국 내에서도 참전을 요구하는 목소리가 커지기 시작했다. 이러한 상황에서 독일 외무부 장관 치머만이 멕시코에 미국과 전쟁을 치르면 텍사스와 뉴멕시코, 애리조나를 할당하겠다는 내용의 비밀 전보를 보낸 것이 밝혀지면서, 1917년 4월 6일 마침내 미국은 제1차세계대전에 참전하기로 했다.

미국이 프랑스의 서부전선으로 병력을 보낸 것은 1918년 5월이 되어서였다. 서부전선은 독일군과 영국-프랑스 연합군 사이에 형성된 전선이다. 독일과 러시아 사이에 형성된 동부전선에서 독일은 우위를 점했지만, 서부전선에서는 상황이 매우 어려웠다. 제1차세계대전 동안 가장 많은 사상자가 발생한 베르됭전투와 이프르전투, 솜전투는 모두 서부전선에서 벌어졌다. 베르됭

전투에서 독일군은 약 50만 명의 병력을 잃었고, 이프르전투에서는 22만 명이 희생되었다. 18세에 징집되어 서부전선에서 전쟁을 경험한 독일 작가 에리히 레마르크가 집필한 소설 『서부전선 이상 없다』에는 서부전선의 끔찍한 상황이 잘 묘사되어 있다. 레마르크가 평화주의를 주창한 것은 아니지만, 전쟁의 비참함과 비인간성을 신랄하게 묘사한 덕분에 그의 작품은 반전(反戰) 소설로 평가받고 있다.

유럽의 전쟁터로 급속히 퍼지는 '1918년 인플루엔자'

1918년 11월 11일에 독일이 항복하면서 제1차세계대전이 끝났기 때문에 미국이 전쟁에 참여한 기간은 6개월에 지나지 않았다. 이 기간에 미국이 유럽으로 파병한 병력은 약 50만 명이었다. 참전을 위해 미국 전역에서는 대규모의 병력 소집 및 이동이 있었는데, 1918년 캔자스주에 있는 펀스던 병영에서 치명적인 전염병이 발생했다. 처음에는 많은 병사에게서 섭씨 38도 이상의 고열과 통증, 무기력 등의 증상이 나타났다. 계절성 독감과 비슷한 증상이었다. 일반적으로 계절성 독감은 이틀이나 사흘 정도 앓다가 회복되는 경우가 많았기 때문에 처음에 이 전염병은 '삼일열(三日熱)'이라고 불렸다. 계절성 독감은 병영이나 훈련소에서 늘 발생하는 질병이어서 관심을 가지는 의사는 거의 없었다. 전쟁에서 승리하기 위해 건강한 병사와 보급품을 서부전선으로 보내는 것이 가장 중요했던 연방 정부도 관심이 없기는 마찬가지였다.

1918년 봄에 처음 발생한 인플루엔자는 유럽으로 파견된 병력과 함께 이동하면서 한 달 이내에 유럽 전역으로 퍼졌다. 서부전선뿐만 아니라 일반 시민들도 인플루엔자에 걸렸다. 당시 유럽에서 유일하게 제1차세계대전에 참전하지 않은 국가는 스페인이었는데, 스페인 언론은 인플루엔자에 관해 빈번하게 보도했다. 이후 많은 사람이 이 전염병을 '스페인 독감'이라 불렀지만, 사실 인플루엔자는 스페인에서 시작된 것도 아니고 스페인에 치명적인 영향을 미친 것도 아니다. 따라서 최근 일부 역사학자들은 이 전염병을 스페인 독감 대신 '1918년 인플루엔자'라고 불러야 한다는 주장한다(이 책에서는 '1918년 인플루엔자'로 표기한다). 인플루엔자는 중국을 비롯한 아시아에서도 급속하게 퍼졌다. 하지만 여름이 되자 갑자기 사라졌고, 이에 관심을 가지는 사람은 아무도 없었다.

1918년 가을에 인플루엔자가 다시 발생했다. 이번에도 병영에서 가장 먼저 시작되었다. 사실 군부대는 인플루엔자를 비롯한 전염병이 발생하고 퍼지기에 가장 적합한 장소였다. 수많은 사람이 모여 함께 훈련을 받으면서 생활하기 때문이다. 당시 서부전선에서는 끊임없이 병력을 요청했으므로 연방 정부의 가장 큰 관심사는 전염병이 아니라 파병(派兵)이었다. 매사추세츠주에 있는 데븐스 병영은 '1918년 인플루엔자'로 가장 큰 피해가 발생한 곳이다. 당시 제76사단과 제12사단이 훈련을 받고 있었는데, 다른 어느 병영보다 신병이 많이 모였다. 1918년 9월 2일,

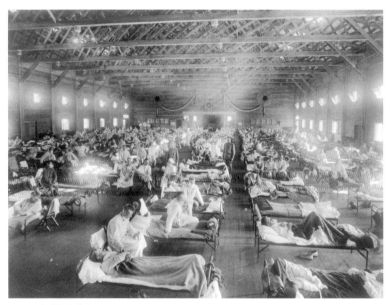

• **1918년 인플루엔자**
1918년 인플루엔자는 당시 수많은 병력이 모인 군부대에서 빠르게 확산되었다. 사진은 미국 캔자스주 펀스턴 기지에 세워진 응급 병동에 수용된 군인 환자들의 모습이다.

30여 명의 병사가 병영 내 병원을 찾았다. 2주 후에 병원을 찾은 병사는 무려 40배 가까이 증가한 약 1,100명이었다. 의무감은 '1918년 인플루엔자'의 발생 원인을 밝히기 위해 당시 미국에서 가장 뛰어난 의사인 윌리엄 웰치를 비롯해 의사 여러 명을 데븐스 병영으로 파견했다. 이들이 도착했을 때 환자 수는 2,000명 이상이었고, 하루에 90명 이상이 사망했다. 하지만 전염병의 원인을 밝히지는 못했다.

데븐스 병영의 가장 큰 문제점은 병력 과잉이었다. 수용 가능한 규모는 3만 5,000명 정도였지만, 1918년 한 해 동안 데븐스 병영으로 파견된 신병은 5만 명 이상이었다. 의사들은 병력 규모를 줄이라고 제안했으나, 유럽에서는 계속해서 더 많은 병력을 요청했다. 원래 전쟁부에서는 1918년 10월 한 달 동안에만 14만 명의 신병을 모집할 계획이었다. 결국 신병 모집은 취소되었지만, 병사들의 이동까지 막을 수는 없었다. 당시 미국 전역에서 모집된 병력은 미국 내에서는 기차로, 유럽의 전쟁터로는 수송선으로 이동했다. 기차와 수송선은 모두 '1918년 인플루엔자'가 광범위하게 확산하는 데 중요한 매개체였다. 1918년 9월, 루이지애나주에서 328대대가 기차로 출발했다. 출발할 때 기차에는 12명의 환자가 있었다. 사흘 뒤 버지니아주에 도착했을 때 환자는 120명 이상으로 증가했다. 제한된 공간에서 '1918년 인플루엔자'가 급속하게 퍼졌기 때문이다. 하지만 전쟁의 승리를 강조하는 연방 정부는 별다른 조처를 취하지 않았다.

'1918년 인플루엔자'는 유럽으로 파견된 군대에서 더욱 심각했다. 당시 대통령인 우드로 윌슨은 전쟁 승리를 위해 잘 훈련된 병력을 유럽에 파병했다. 이 미국해외파견군(AEF)은 뉴욕이나 샌프란시스코 항구에서 수송선을 타고 대서양을 건너 유럽으로 이동했다. 당시 가장 많은 병력을 수송한 선박은 리바이어던호였다. 리바이어던은 『구약성경』 「욥기」 41장에 등장하는 강력한 힘을 가진 괴물이다. 수많은 병력을 수송하는 거대한 선박에 걸맞은 이름이었다.

수송선을 타고 대서양을 건너 유럽대륙으로 이동하는 중에도 '1918년 인플루엔자'는 치명적인 영향을 미쳤다. 탑승자 전원을 일주일 이상 격리하도록 했지만 이와 같은 조치는 거의 지켜지지 않았다. 병력과 보급품이 지연되었기 때문이다. 한때 리바이어던호는 1만 2,000명의 병사를 한꺼번에 수송하기도 했는데, 연방 정부가 취한 조치는 정원을 10퍼센트 정도 감소시키는 것뿐이었다. 가장 끔찍한 재앙은 1918년 10월에 발생했다. 유럽행 항해 도중 리바이어던호에서는 4,000명 이상의 인플루엔자 환자가 발생했고, 그중 200명 이상이 사망했다. 항해 중이어서 외부의 도움을 받는 것도 불가능했다. 의사나 간호사도 충분하지 않았고 의약품마저 부족했다. 처음에는 계절성 독감과 비슷한 증상이었지만, '1918년 인플루엔자'의 주된 증상은 점차 묽은 피나 거품이 섞인 체액이 흐르는 것이었다. 환자들을 격리하는 것 말고는 할 수 있는 일이 아무것도 없었다.

유럽에서는 프랑스 남서쪽에 있는 보르도에서 처음 '1918년 인플루엔자'가 발생했다. 이 지역은 미국해외파견군이 도착하는 여러 항구 가운데 하나였다. '1918년 인플루엔자'의 발생 기원에 관해 여러 학자가 서로 다른 의견을 제시하고 있지만, 오늘날 대부분의 학자는 미국에서 처음 발생한 뒤 병력 이동과 더불어 유럽으로 확산되었다고 믿고 있다. 1918년 가을에는 매달 25만 명 이상의 해외 파견군이 유럽으로 이동했다. 이 가운데 대부분은 프랑스-영국 연합군이 독일군과 전투를 벌인 서부전선으로 파병되었다. 결국 서부전선에서도 '1918년 인플루엔자'가 급속하게 퍼지기 시작했다. 전염병의 원인을 밝히지 못해 별다른 치료나 조처를 취할 수 없었다. 치열한 전투가 벌어지는 곳에서 환자의 격리는 상상조차 할 수 없는 일이었다. '1918년 인플루엔자'는 서부전선 전체로 퍼졌다. 당시 환자 수는 약 7,000명 정도였다. 뫼즈-아르곤전투에서 연합군은 최후 공세를 펼쳤는데, 이때 전투 사상자는 약 90명이었다. 반면, '1918년 인플루엔자' 사망자는 450명 정도로 다섯 배 이상 많았다.

'미국의 잊힌 전염병'

'1918년 인플루엔자'는 미국에서도 치명적이었다. 군인들만 걸린 것이 아니라 일반 시민들 사이에서도 급속하게 퍼져나갔다. 1918년 가을에 인플루엔자가 다시 발생했을 때 시 정부나 주 정부 보건국은 전염병의 원인을 알 수 없으므로 예방이 가장 중요하다고 판단했다. '1918년 인플루엔자' 예방을 위한 첫 번째 조치는 마스크 착용이었다. 미국 공중 보건국에서는 거즈로 만든 마스크를 의사와 간호사, 자원봉사자를 비롯해 시민들에게 무료로 나누어주며 착용을 권고했다. 마스크 착용 이후 '1918년 인플루엔자' 환자가 감소했다는 뉴스가 보도되면서 이제 마스크 착용은 미국 시민의 의무가 되었다.

대다수의 시민은 마스크를 착용하는 것이 전염병 확산을 예방하는 데 도움이 된다고 받아들였다. 하지만 자발적으로 마스크를 착용하는 시민은 그리 많지 않았다. 대화할 때나 식사할 때 마스크 착용은 너무 불편했기 때문이다. 어떤 시민은 마스크를 착

용한 채 거리를 오가는 사람들의 모습이 오히려 섬뜩하고 공포

심을 유발한다고 주장하기도 했다. 하지만 별다른 치료법이 없

는 상황에서 공중 보건국을 비롯해 시나 주 보건국에서는 마스

크 착용을 권장하는 것 외에는 별다른 대책이 없었다. 일부 지역

에서는 시민들에게 마스크 착용을 강제하기 시작했다. 1918년

10월 샌프란시스코에서는 모든 시민에게 강제로 마스크를 착용

하도록 해서 결국 99퍼센트가 마스크를 착용했다. 대부분의 의

사들은 마스크를 제대로 착용하면 일주일 이내에 '1918년 인플

• 마스크를 착용한 미국 경찰들

'1918년 인플루엔자'가 유행한 미국 사회에서는 마스크 착용을 둘러싸고 찬반 논란이 뜨거웠다. 사진은
당시 마스크를 착용한 미국 경찰의 모습이다.

제4장 전쟁과 전염병

루엔자'를 통제할 수 있다고 확신했다.

샌프란시스코에서는 마스크 착용을 둘러싸고 심각한 갈등이 발생했다. 어떤 시민들은 전염병 예방을 위해 마스크를 착용하는 것은 그리 어려운 일이 아니라고 생각했다. 진정한 샌프란시스코 시민이라면 반드시 마스크를 착용할 것이고, 마스크를 착용하지 않은 사람과는 접촉하지 않을 것이라고 주장했다. 보건국이 권하는 대로 시민들이 마스크를 착용하는 것은 제1차세계대전에 참전한 병사와 마찬가지로 국가를 위해 봉사하는 것으로 생각하는 사람도 있었다. 하지만 마스크 착용에 불만을 나타내는 사람들도 있었다. 담배를 판매하는 사람들은 마스크를 착용하는 바람에 담배 판매량이 절반 아래로 감소했다고 불평했다. 상점이나 백화점도 마스크를 쓴 사람들이 돌아다니는 모습이 보기 좋지 않아 매출이 감소한다고 주장했다. 게다가 마스크를 착용한 샌프란시스코 및 다른 지역의 '1918년 인플루엔사' 사망률이 별다른 차이가 없다는 기사가 보도되면서 마스크 착용은 그야말로 '뜨거운 감자'였다.

1918년 10월 23일, 샌프란시스코 의회는 '마스크 조례'라는 법을 제정했다. 샌프란시스코에서는 집을 제외하고 거리를 다니거나 공공장소에 출입하는 사람들은 반드시 마스크를 착용해야만 했다. 더욱이 마스크로 입과 코를 제대로 덮어야 했다. 레스토랑에서 일하는 사람들조차 식사 시간을 제외하고는 늘 마스크를 착용하도록 했다. 마스크 조례는 법적 구속력과 강제력이 있었다. 1918년 11월 1일부터 시행된 이 법을 따르지 않으면 벌금 20달러를 내야 했다. 마스크 착용을 반대하는 사람들은 단체를 만들어 강제적인 마스크 착용이 연방헌법에 명시된 개인의 자유와 권리를 침해한다고 주장했다. 그러고는 마스크 조례의 폐지를 요청하는 탄원서를 의회에 제출했다. 결국 1919년 2월 1일, 샌프란시스코 시장은 마스크 착용 여부를 개인의 자유에 맡기겠다고 발표했다.

'1918년 인플루엔자'는 1918년 3월에 발생했고, 가을에 다시 발생했다가 1919년 봄에 갑자기 사라졌다. '1918년 인플루엔자'로 미국에서 사망한 사람은 약 67만 명이었고, 전 세계적으로 5,000만 명 이상이 사망했다. 14세기 흑사병으로 4년 동안 약 7,500만 명이 사망한 것과 비교하면 훨씬 치명적이다. 20세기 이후 급속히 발달한 과학과 의학은 '1918년 인플루엔자'에 대처하는 데 별다른 도움이 되지 못했다. 제1차세계대전 때 수많은 병사를 전쟁터로 보내면서 대서양을 건너는 글로벌 이동이 발생했고, '1918년 인플루엔자'는 전 세계적으로 널리 퍼졌다. 어쩌면

역사학자 앨프리드 크로스비의 저서 제목인『미국의 잊힌 전염병』처럼 미국인들은 '1918년 인플루엔자'를 기억 속에서 지워버리고 싶었을지도 모른다.

03

현대 전쟁과 셸 쇼크

미국 참전으로 격화된 제2차세계대전

천재 수학자가 등장하는 영화 〈뷰티풀 마인드〉가 2002년 국내에 개봉되었다. 이 영화의 실제 주인공은 미국의 수학자 존 내시다. 그는 경쟁자들과 벌어지는 위협과 반응의 관계를 균형이라는 개념을 통해 설명함으로써 '내시 균형'이라는 용어를 만들었다. 협력이 최선임에도 불구하고 자신의 이익만 생각해 결국 상대방과 자신에게 모두 나쁜 결과를 초래하는 '죄수의 딜레마'는 내시 균형의 대표적인 예라 할 수 있다. '보이지 않는 손'에 따라 자신의 이익을 극대화하려는 개인의 행위가 결국 사회 전체의 이익을 가져온다는 영국의 경제학자 애덤 스미스의 주장과는 반대된다. 30세의 젊은 나이에 '수학계의 노벨상'이라 불리는 필즈상 후보에 오르기도 했지만, 이듬해 조현병 때문에 MIT 교수직에서 사퇴했다. 영화에서 내시는 구소련의 암호 해독 프로젝트에 투입되는데, 암호 해독을 마치고 돌아오는 길에 충격전을 경험하고 '셸 쇼크'에 시달린다.

셸 쇼크는 원래 전쟁 신경증 가운데 하나다. 폭격이나 전투 상황 속에서 두려움 때문에 정상적인 사고나 걷기, 말하기 등이 불가능해진 상태를 말한다. 20세기 초 총력전을 경험한 세계가 다시 한번 전쟁을 경험하게 된다. 제2차세계대전이 벌어진 것이다. 제1차세계대전이 이미 산업화를 경험한 국가들과 이제 산업화를 시작한 국가들 사이에 식민지를 둘러싸고 발생한 전쟁이었다면, 제2차세계대전은 식민지 확보를 토대로 제국주의와 전체주의가 결합하면서 발생한 전쟁이었다. 제1차세계대전의 원인이 된 제국주의는 산업화와 자본주의가 발달하면서 원료와 노동력, 시장을 해외 식민지에서 찾는 정책을 말한다. 이와 더불어 전체주의는 개인보다 집단이나 국가의 이익을 강조하는 사상을 뜻한다.

제1차세계대전이 끝난 뒤, 31개의 연합국과 패전국인 독일 사이에 조약을 맺었다. 프랑스 베르사유궁전의 '거울의 방'에서 이른바 '베르사유조약'을 체결한 것이다. 총 440개의 조항으로 구성된 이 조약에서 가장 불리한 처지에 있는 나라는 독일이었다. 독일이 가지고 있던 해외 식민지를 모두 반납하고, 분쟁 대상인 알자스-로렌 지역을 프랑스에 반환해야 했다. 이와 함께 전쟁을 일으킨 책임으로 연합국에 전쟁배상금을 지급해야 했는데, 당시 독일에 부과한 전쟁배상금은 1,320억 마르크라는 천문학적인 금액이었다. 이뿐만 아니라 독일은 육군과 해군 병력도 제한해야 했다. 당시 많은 독일인이 이 조약에 불만을 품고 있었다. 1929년이 되어서 독일인의 불만은 더욱 거세졌다.

1929년에 인류 역사상 최악의 대공황이 발생했다. 시작점은 미국이었다. 1929년 10월 24일, 뉴욕 월가의 증권거래소에서 주가가 폭락하기 시작했다. 사실 미국은 제1차세계대전 이후 경제 번영을 누리기 시작했다. 미국 국내 산업을 군수산업으로 전환하고, 전쟁터인 유럽에 군수물자를 판매하면서 막대한 이익을 취했다. 그 결과, 제1차세계대전 직후인 1920년대는 미국 역사상 유례없는 경제 번영기였다. 하지만 대량생산과 대량소비가 가속화되던 미국 사회에서 상품은 점차 쌓이고 실업자는 늘어나기 시작했다. 대공황 이후 미국에서는 수십 개의 기업이 파산하면서 수많은 실업자가 발생했다. 당시 실업률은 약 30퍼센트였다. 당시 대통령인 프랭클린 루즈벨트는 높아진 실업률을 낮추기 위해 토목이나 댐 같은 대규모 공사를 시행하기도 했다.

미국에서 발생한 대공황은 전 세계적으로 영향을 미쳤다. 그중 가장 큰 영향을 받은 나라는 독일이었다. 독일은 식민지를 모

• 테네시계곡 개발 공사

루즈벨트 대통령은 대공황 이후 높아진 실업률을 낮추기 위해 테네시계곡 개발 공사와 같은 대규모 공사를 시행했다. 사진은 당시 테네시계곡 개발 공사에 동원된 인부들의 모습이다.

두 잃어 더 이상 산업화를 진행할 수 없었다. 게다가 막대한 전쟁배상금까지 지불해야만 했다. 하지만 대공황의 영향으로 독일도 엄청난 실업자가 발생했고, 독일인들은 무능한 정부를 비난하기 시작했다. 이처럼 험악한 사회 분위기 속에서 유독 대중으로부터 인기를 얻는 사람이 등장했다. 바로 아돌프 히틀러였다. 독일 노동당의 우두머리인 히틀러는 독일인들을 경제적으로 옭아맸던 베르사유조약의 파기를 주장하면서 다시 한번 강력한 독일제국을 건설하겠다고 강조했다. 이를 위해 민주공화국을 없애고 독재정치를 해야 한다고 주장하면서 1923년 독일 남부에 있는 뮌헨에서 반란을 일으켰지만 실패했다. 이후 감옥에 갇힌 히틀러는 독일이 동유럽을 점령하고 독일 민족의 생활권을 확대하겠다는 내용의 『나의 투쟁』을 집필해 유명해졌다.

히틀러의 인기가 높아지자 당시 대통령 파울 폰 힌덴부르크는 그를 수상으로 임명했다. 대통령이 사망하자 히틀러는 독일 총통이 되었다. 그리고는 베르사유조약을 무시한 채 군비를 확장하기 시작했다. 독일 민족의 생활권을 넓히기 위해 가장 먼저 시행한 일은 1939년 9월의 폴란드 침공이었다. 독일의 행위를 본 영국과 프랑스가 선전포고를 하면서 또다시 유럽은 전쟁의 광풍에 휩싸였다. 처음에는 독일이 전쟁에서 유리했다. 폴란드를 점령한 독일은 네덜란드와 벨기에도 점령하고 프랑스도 차지했다. 당시 구소련은 독일과 서로 침공하지 않겠다는 조약을 맺고 있어서 유럽에서 독일에 대항하는 국가는 영국뿐이었다. 영국은 제1차세계대전과 마찬가지로 미국에 도움을 요청했다. 하지만 많은 미국인이 유럽의 전쟁에 관여하는 것을 원치 않았다.

유럽의 대부분 지역을 차지한 독일은 더 큰 욕심이 생겼다. 구소련의 넓은 영토를 점령하고자 한 것이다. 원래 공산주의를 싫

어한 히틀러는 조약을 깨고 구소련을 침공했다. 6개월 후 아시아에서 더 많은 식민지를 점령하고 제국주의 국가가 되고자 했던 일본이 미국을 공격했다. 당시 미국은 전쟁에 참전하지 않았지만, 영국에 상당한 전쟁 물자와 자본을 빌려주고 있었다. 영국은 일본에도 상당한 군수품을 판매했다. 미국이 전쟁에 개입할 의지가 없다는 사실을 확인한 일본은 점차 아시아의 다른 나라를 점령하기 시작했다. 여기에는 프랑스 식민지인 인도차이나와 미국 식민지인 필리핀도 포함되어 있었다. 결국 미국 의회는 일본에 대한 전쟁 물자 원조를 금지하고 식민지에서 철수할 것을 요구했다. 하지만 일본은 미국의 요구를 듣지 않았다. 오히려 일본에 물자를 더 이상 판매하지 않는 미국을 적국으로 생각하기 시작했다.

1941년 12월 7일 오전 7시 55분. 하와이제도에서 세 번째로 큰 오하우섬에는 미 해군기지가 있었다. 조용한 오전에 갑자기 시작된 무차별 폭격이 온종일 계속되었다. 당시 폭격으로 2,500명 이상의 군인과 민간인이 사망했고, 1,000명 이상 부상자가 발생했다. 149대의 전투기가 파괴되었고, 항공모함과 전투함도 파괴되었다. 진주만 공습이 시작된 것이다. 진주만 공습은 미국독립혁명 이후 미국 본토가 외부로부터 공격받은 최초의 사건이었다. 다음 날 미국은 일본에 전쟁을 선포했다. 많은 미국인이 원하지 않았지만, 미국은 다시 한번 세계대전에 휘말렸다. 미국이 참전하면서 전세가 달라지기 시작했다. 미국의 병력과 자본이 가장 많았기 때문이다. 미국은 항공모함 141대, 군용 항공기 32만 대 이상을 보유하고 있었고, 병력 1,600만 명 이상을 전쟁터로 보냈다. 제2차세계대전에 투입한 미국의 전쟁 자본은 무려 3조 2,000억 달러였다. 인류 역사상 전쟁에 가장 많은 돈을 쏟아부은 나라가 제2차세계대전에 참전한 미국이었다.

1941년 여름부터 상황이 달라지기 시작했다. 미국은 1942년 하와이 북서쪽에 있는 미드웨이해에서 일본과 싸워 승리했고, 구소련은 스탈린그라드전투에서 독일에 승리했다. 아프리카에서는 영국이 독일을 꺾었다. 연합군은 이탈리아 시칠리아섬에 상륙하면서 이탈리아를 점령했다. 가장 중요한 전투는 1944년 6월 미국의 드와이트 아이젠하워 장군이 프랑스 노르망디에 상륙하면서 파리를 해방한 노르망디전투였다. 이어 연합군은 독일의 수도인 베를린을 점령했다. 독일은 무조건 항복을 선언할 수밖에 없었다. 이제 남은 적은 일본뿐이었다. 이탈리아와 독일은 백기를 들었지만 일본은 항복하지 않았다. 미국은 일본을 항복시키기 위해 새로운 전략을 구상해야만 했다.

'리틀 보이'가 남기고 간 셸 쇼크

제2차세계대전 중 미국 연방 정부는 원자폭탄을 개발하는 비밀 프로젝트를 시작했다. 원자폭탄은 우라늄처럼 원자번호가 큰 원소의 원자핵에 중성자를 충돌시켜 원자핵을 분열시키고, 핵분열 과정에서 발생하는 엄청난 에너지를 군사적인 목적으로 활용한다. 흔히 '맨해튼 프로젝트'라 불리는 이 프로젝트는 뉴멕시코주 로스앨러모스에 세워진 연구소에서 비밀스럽게 진행되었다. 총책임자는 이론 물리학자 로버트 오펜하이머였고, 당시 100명이상의 물리학자와 수학자가 참여했다. 여기에는 양자전기역학을 만든 물리학자 리처드 파인먼이나 컴퓨터 프로그램을 처음 만든 수학자 존 폰 노이만도 포함되어 있었다. 과학자들은 원자폭탄의 존재만으로도 전쟁을 끝낼 수 있다고 생각했다. 그래서 당시 대통령인 해리 트루먼에게 일본이 항복 요구를 받아들이지 않을 때까지 원자폭탄은 사용하지 말 것을 요청하는 청원서를 보냈다. 전쟁에서 엄청난 무기가 사용되는 걸 원하지 않았기 때문이다.

일본을 항복시키고 전쟁을 끝내기 위해 연방 정부는 원자폭탄을 사용하기로 했다. 1945년 8월 5일, 일본 히로시마에 '리틀 보이'라는 원자폭탄이 투하되었다. 농축우라늄 235를 사용해서 만든 원자폭탄이었는데, 위력은 19세기 중반 독일에서 발명된 TNT 폭탄 1만 5,000톤을 한꺼번에 폭발시키는 것과 같았다. '리틀 보이'로 인해 히로시마에서는 7만 명 이상이 사망했다. 사흘 뒤인 8월 9일, 이번에는 나가사키에 '팻 맨'이라는 원자폭탄이 떨어졌다. 플루토늄 239를 사용해 만든 이 폭탄의 위력은 '리틀 보이'와 맞먹었다. 나가사키에서는 3만 5,000명이 사망했다. 결국 일본은 8월 15일에 무조건 항복을 선언했다. 제2차세계대전은 엄청난

• 히로시마 원자폭탄
일본 히로시마에 '리틀 보이'라는 원자폭탄이 투하되자 일본은 무조건 항복을 선언했다. 원자폭탄 폭발의 여파로 수없이 많은 사람들이 평생 셸 쇼크에 시달렸다.

위력을 가진 무기를 사용해 끝이 난 것이다.

전쟁 이후의 세계는 그야말로 처참했다. 제2차세계대전 동안 사망한 사람들은 약 5,000만 명이었는데, 전체 사망자의 절반 이상이 구소련 출신이었다. 유럽에서는 영국을 제외한 대부분의 국가가 독일에 점령되면서 수많은 도시와 산업 시설이 파괴되었다. 모든 것이 잿더미가 된 가운데 노동자에게 평등한 권리를 보장하는 공산주의 사상이 급속히 퍼지기 시작했다. 유럽의 여러 나라가 공산화되는 것을 막기 위해 미국은 유럽이 다시 산업화를 시작할 수 있도록 엄청난 자본을 매우 싼 이자로 빌려주었다. 1947년부터 1951년까지 미국이 서유럽 16개 국가에 120억 달러의 자금을 원조하기 위해 시행된 정책을 '마셜 플랜'이라고 한다. 당시 미국 국무부 장관 조지 마셜의 제안으로 시작되어 붙은 이름이다. 이제 세계는 미국과 구소련을 중심으로 서로 다른 정치·경제사상을 가진 두 종류의 세상으로 구분되기 시작했다.

하지만 많은 사람이 끔찍한 전쟁 탓에 결코 정상적인 삶을 살 수 없었다. 히로시마에서는 반경 10킬로미터 이내의 건물 90퍼센트가 파괴되었고, 이후 몇 달 동안 16만 명 이상이 더 사망했다. 원자폭탄으로 총 25만 명 정도가 희생된 것이다. 당시 히로시마 인구가 25만 5,000명이었으니, 도시 전체가 사라진 것이나 마찬가지다. 사람들은 또다시 원자폭탄이 떨어질까 두려웠고 정상적인 일상생활을 할 수가 없었다. 이것이 전쟁으로 인한 셸 쇼크다. 몇 년 전 CNN에서는 히로시마에 원자폭탄이 투하되었을 때 이를 목격한 어느 일본 여성을 인터뷰했다. 그녀는 "원자폭탄의 폭발로 인한 화상 때문에 수많은 사람이 강물로 뛰어들었는데, 강물은 그야말로 시체투성이였다"라고 회고했다. 평생 치유되지 못할 셸 쇼크로 고통 받는 사람은 비단 이 여성만은 아닐 터다.

20세기 또 하나의 비극, 베트남전쟁

셸 쇼크는 민간인뿐 아니라 전쟁에 참전한 병사들 사이에서도 빈번하게 발생했다. 가장 심각한 시기는 베트남전쟁 때였다. 제2차세계대전 이후 가장 큰 규모의 전쟁인 베트남전쟁은 크게 프랑스로부터의 독립 전쟁과 남베트남과 북베트남 사이의 내전으로 구분될 수 있다. 1945년 프랑스 식민지로부터 독립을 선언한 베트남의 민족주의자들은 프랑스와 전쟁을 벌였다. 1954년 5월, 마침내 제네바 회담에서 베트남의 독립이 결정되었다.

독립 전쟁은 끝났지만 베트남은 우리나라와 마찬가지로 남과 북으로 분단되어 북쪽에는 베트남민주공화국, 남쪽에는 베트남공화국이 설립되었다. 하지만 베트남공화국에 반대하는 공산주의자들이 테러를 일으켰고, 이들은 남베트남민족해방전선(일명 베트콩)을 형성하면서 베트남민주공화국으로부터 많은 도움을 받았다. 1961년 미국 대통령 존 F. 케네디는 미국 병력을 베트남에 파견했고, 이후 대통령이 된 린든 존슨은 베트남민주공화국이 미국 함대를 공격했다는 이유로 전쟁에 참전했다. 이때 우리나라도 1964년부터 1966년까지 총 네 차례에 걸쳐 병력을 파견했다.

베트남민주공화국과 베트남공화국 사이의 내전은 그야말로 끔찍했다. 이 전쟁으로 500만 명 이상이 사망하고 수십만 명이 부상을 입었다. 초기에 미국은 막대한 무기와 병력 덕분에 전쟁이 빨리 끝날 것이라 예상했다. 하지만 베트남에서의 전투는 지금까지 경험하지 못한 전혀 다른 전투였다. 전투 대부분이 정글에서 발생해 미국의 전차는 별다른 효과가 없었다. 군인들은 전투를 위해 정글 안으로 들어가야만 했다. 정글 때문에 전투에 불리해지자 미국은 고엽제를 뿌리기 시작했다. 이 약은 식물의 잎을 떨어뜨려 정글을 없애려는 데 이용되었다. 수년에 걸쳐 베트남의 많은 지역에서 고엽제를 뿌렸다. 베트남 삼림의 20퍼센트이상이 파괴될 정도였다. 수많은 군인이 고엽제에 그대로 노출될 수밖에 없었다.

전쟁이 끝나고 본국으로 돌아온 군인들은 심각한 후유증에 시

• 고엽제 살포
베트남전쟁 당시 미군은 정글을 없애기 위해 비행기로 고엽제를 살포했다. 고엽제에 노출된 군인들은
심각한 후유증에 시달려야만 했다.

달렸다. 대부분 제대로 말을 하지 못하거나 걷지도 못했다. 전형
적인 셀 쇼크였다. 1960년대 후반 고엽제에 사용된 나이옥신이
라는 물질이 암을 유발하거나 기형아를 낳게 한다는 사실이 보
고되었다. 고엽제로 베트남에서는 40만 명의 사망자와 장애인
이 발생했고, 50만 명의 기형아가 태어났다. 베트남전쟁에 참전
한 우리나라 사람들 가운데 약 12만 명이 척추가 분리되거나 하
반신이 마비되는 후유증을 앓고 있다. 또 다른 비극도 발생했다.

셀 쇼크는 정신적인 트라우마를 유발한다. 전쟁에 참전한 것은 아니지만, 내시와 마찬가지로 많은 사람이 정서 불안이나 조현 병에 시달리고 있다. 베트남전쟁은 세계대전과 더불어 20세기가 낳은 또 하나의 비극이었다.

제5장

현대사회의 글로벌 네트워크와 전염병의 진화

아프리카의 식민화와 말라리아

사람이 견디지 못할 정도로 끔찍한 질병, 말라리아

가족이 있는 마흔 살의 남성은 증권거래소에 다니는 전형적인 가장이었다. 그런데 어느 날 갑자기 집을 나가버렸다. 사람들은 그가 새로운 여자가 생겨 가족을 버렸다고 수군거렸다. 하지만 집을 나간 이유는 단순했다. 평소 바라던 대로 그림을 그리기 위해서였다. 남태평양 중부에 있는 타히티섬에 도착한 그는 원주민 여성과 함께 살면서 자급자족하는 생활을 했다. 문명과 세속의 삶을 버리고 이국적인 자연환경에 몰입하며 그림을 완성했다. 하지만 심각한 전염병에 걸렸고, 결국 시력을 잃기 전 마지막으로 벽화를 그렸다. 영국 소설가인 서머셋 몸의 대표적인 소설 『달과 6펜스』의 내용이다. 몸은 이 소설을 통해 예술과 실생활이 과연 분리될 수 있는지, 예술가는 관습에서 벗어날 수 있는지를 보여주고자 했다. 소설 주인공 찰스 스트릭랜드의 캐릭터는 타히티섬에서 생활한 프랑스 후기 인상파 화가인 폴 고갱의 모습에서 따온 것이라는 주장은 이미 오래전부터 문학계에 널리 알려진 사실이다.

고갱은 소박하고 순수한 그림을 그리기 위해 타히티섬으로 떠났고, 그곳에서 밝고 강렬한 색채를 이용해 많은 그림을 남겼다. 타히티섬으로 떠나기 전에 다른 섬에서도 살면서 그림을 그렸다. 고갱은 파리 출신의 화가 샤를 라발과 함께 파나마에 있는 타보가섬으로 갔다. 가난한 그들은 그림을 그리기보다는 생계를 유지하기 위해 막노동을 해야만 했다. 파나마운하 공사장에서 막노동을 하면서 그림을 그리던 고갱은 그만 말라리아에 걸리고 말았다. 말라리아는 원래 아프리카의 풍토병이었다. 하지만 수많은 아프리카 원주민들이 노예로 강제 이주하면서 아메리카에도 황열병이나 말라리아 같은 전염병이 퍼졌다. 고갱은 바로 아프리카에서 건너온 심각한 전염병에 걸린 것이다. 결국 다시 파리로 돌아온 그는 타보가섬의 경험을 바탕으로 12점의 그림을 그렸다.

말라리아는 얼룩날개모기류 암컷에 의해 전파되는데, 주로 두통과 구토, 발열 등의 증상을 보인다. 열대열말라리아는 쇼크, 의식장애, 혼수, 섬망(과다 행동이나 환각) 등의 증상이 나타난다. 제때 치료를 받지 못하면 사망할 확률이 10퍼센트 이상으로 매우 치명적이다. 전 세계적으로 해마다 2억 5,000만 명 이상의 말라리아 환자가 발생하고, 이 가운데 200만 명 이상이 사망한다. 1946년에 설립된 세계보건기구는 회원국들의 위생과 공중 보건 향상을 위해 경제적 원조 및 풍토병과 질병 퇴치를 목적으로 삼고 있다. 세계보건기구가 정한 심각한 전염병 가운데 하나가 말라리아다. 일부 과학자들은 약 2,000만 년 전부터 말라리아가 존재했다고 주장한다. 아직 논란의 여지는 있지만 인류 역사에서 매우 오래된 전염병인 것은 확실하다.

2016년 캐나다 연구팀은 이탈리아반도에서 유골을 발굴했다. 연대 측정 결과 1세기경의 것으로 추정되는데, 유골에서 말라리아의 흔적을 찾아냈다. 역사학자들도 로마제국의 멸망 원인 가운데 하나를 치명적인 말라리아라고 주장하는데, 이번 발굴이 이러한 주장의 강력한 증거가 될 수 있다. 우리나라에서 말라리아는 오랫동안 '학질(瘧疾)'이라는 이름으로 불렸다. 사람이 견디지 못할 정도로 끔찍한 질병이라서 붙은 이름이라고 한다. 학질은 조선 시대에 자주 발생하는 전염병이었다. 1885년에 선교사이자 의사인 알렌은 우리나라 최초의 서양식 병원인 제중원에서 진료하면서 보고서를 작성했는데, 전체 환자 가운데 학질에 걸린 환자가 가장 많았다.

말라리아 치료제가 아프리카 식민화를 가속화시키다

이처럼 말라리아는 전 세계 많은 지역에 심각한 영향을 미쳤지만, 가장 치명적인 영향을 받은 지역은 아프리카다. 세계보건기구에 따르면, 전 세계 말라리아 환자의 90퍼센트 이상이 사하라사막 이남 지역에서 발생한다. 말라리아는 아프리카의 전염병이라 해도 과언이 아니다. 그런데 아직 말라리아 백신이 개발되지 않았다. 의사들은 예방약을 먹고 가급적 모기에 물리지 않는 것이 가장 중요하다고 강조한다. 그렇다면 과거에는 말라리아를 어떻게 치료했을까? 16세기 초에 남아메리카 페루에서 선교 활동을 하던 예수회 선교사들은 흥미로운 장면을 목격했다. 말라리아에 걸린 환자에게 기나나무의 껍질을 달여 먹이자 깨끗이 완치된 것이다. 16세기 이후 신대륙과 유라시아의 아메리카가 하나의 네트워크로 결합되면서 수많은 사람과 상품, 그리고 전염병이 이동했다. 말라리아도 유럽으로 이동한 뒤 17세기 초 유럽에서 빈번하게 발생했다.

예수회 선교사들은 기나나무의 껍질을 분말로 만들어 보냈지만, 유럽의 의사들은 이 치료법을 무시했다. 1670년대 영국 런던

• 기나나무 껍질
16세기에 말라리아에 걸린 환자들이 기나나무의 껍질을 달여 먹고 깨끗이 완치되었다고 한다.

과 남부 지역에서 말라리아가 발생했는데, 이때 한 사기꾼이 예수회 선교사들이 보낸 분말을 자신이 만든 것이라 속여 사람들을 치료했다. 놀랍게도 많은 사람이 말라리아로부터 회복되었다. 그러나 의사들은 여전히 이 치료법에 관심을 가지지 않았다. 이때 말라리아에 걸린 영국 왕 찰스 2세가 이 약을 복용한 뒤 나았고, 프랑스의 루이 14세의 황태자도 이 약을 먹은 다음 살아났다. 오랫동안 의사들이 반대한 기나나무의 껍질이 말라리아에 특효

약이라는 소문이 유럽 전역으로 퍼졌다. 청나라를 지배한 강희제도 학질에 걸려 고생했는데, 프랑스 선교사가 건네준 기나나무의 껍질을 먹고 회복되었다. 17세기 동안 기나나무 껍질은 말 그대로 말라리아의 특효약이었다.

기나나무는 남아메리카의 볼리비아와 에콰도르가 원산지다. 400가지 이상의 다양한 종이 자라는데, 오래전부터 잉카제국에서는 해열제와 강장제로 사용되었다. 19세기 중반 이후 인도네시아로 퍼져 오늘날에는 인도네시아에서 가장 많이 자란다. 기나나무 껍질에는 질소를 함유한 화합물인 알칼로이드가 15퍼센트 정도 함유되어 있는데, 알칼로이드의 20~40퍼센트가 키니네라는 성분이다. 물에 잘 녹지 않는 대신 알코올에 잘 녹기 때문에 기나나무의 껍질은 주로 와인을 비롯한 술에 녹여서 마셨다. 청나라의 강희제도 기나나무 껍질을 와인에 녹여 마셨다는 기록이 남아 있다. 1820년 프랑스의 의사 조세프 펠데디에와 조제프 카방투는 알칼로이드에서 키니네를 분리하는 데 성공했고, 이후 키니네는 말라리아 특효약으로 전 세계에서 널리 사용되었다.

키니네는 단순히 말라리아를 치료하는 데만 사용되지 않았다. 15세기 이후 아메리카를 식민지로 삼은 유럽은 점차 더 많은 식민지를 얻고자 했다. 산업혁명은 유럽의 식민지 쟁탈전을 더욱 가속화시켰다. 유럽이 관심을 가진 지역은 지금까지 치명적인 풍토병 때문에 접촉하기 어려웠던 아프리카였다. 1875년 이집트는 유럽의 경험을 따라 산업화를 시작했다. 지중해와 홍해, 인도양을 연결하는 수에즈운하를 비롯해 도로, 항만 등 기간시설을 건설하기 위해 영국과 프랑스로부터 돈을 빌렸는데, 이집트 재정 상태가 악화하면서 돈을 제대로 갚지 못했다. 이때 영국은 수에즈운하 주식의 43퍼센트를 매각해 최대 주주가 되었고, 이를 계기로 이집트 정치와 경제에 더 깊숙이 관여하기 시작했다. 결국 영국과 프랑스는 공동으로 이집트의 경제를 지배하기로 했다. 이러한 현실에 맞서 이집트 군인들이 반란을 일으키자 영국은 무력으로 이집트를 점령했다. 마침내 이집트는 영국의 식민지로 전락했다.

유럽의 여러 국가는 아프리카로 진출하기 시작했다. 특히 영국과 프랑스는 아프리카를 분할하는 과정에서 충돌을 피할 수 없었다. 이미 마음대로 이집트를 식민지로 삼은 영국에 적대감을 가지고 있던 프랑스가 나일계곡에 있는 파쇼다에 프랑스 국기를 게양하면서 두 나라의 갈등은 더욱 심해졌다. 가까스로 영국이 이집트를 지배하고 프랑스가 모로코를 지배하는 조건으로 갈등은 해결됐지만, 이후 아프리카에서 유럽 국가들의 이해관계를 원만하게 해결하기 위해 1884년 베를린에서 회의가 열렸다. 이 회의에서 벨기에는 콩고를 식민지로 삼았고 이탈리아는 에티오피아를 점령했다. 이와 같이 식민 지배가 이루어질 수 있는 조건 가운데 하나가 바로 말라리아의 치료제 키니네였다. 지금까지 치명적인 풍토병이 두려워 아프리카로 진출하지 못한 유럽은 아프리카의 여러 나라를 마음대로 나누어 자신들의 식민지로 삼았다.

　1945년 제2차세계대전이 끝난 뒤에도 아프리카의 여러 지역은 여전히 유럽의 식민지로 남았다. 1957년 영국으로부터 독립한 가나는 유럽의 식민 지배에서 벗어난 최초의 국가였다. 당시 가나는 113년 동안 영국의 식민 지배를 받았다. 이른바 '아프리카의 해'인 1960년에 32개의 국가가 유럽 식민지로부터 해방되었다. 하지만 아프리카의 현실은 크게 달라지지 않았다. 유럽의 몇 나라가 마음내로 성해놓은 국경선 덧에 아프리카 내부의 여러 나라가 분쟁을 일으켰기 때문이다. 하나의 나라 안에 서로 다른 문화와 관습, 언어, 종교를 가진 사람들이 뒤섞여 있어 사실상 통합은 어려웠다. 이러한 상황 가운데 아프리카의 많은 나라에서 권력을 독점하려는 독재자나 군부 세력이 등장했다. 정치적 타락과 경제적 어려움은 결국 아프리카를 전 세계에서 가장 가난한 지역으로 만들었다.

아프리카는 원래 호모사피엔스를 비롯해 인류의 조상이 처음 출현한 지역이다. 영장류와 인간의 공통 조상에서 분화된 직후에 등장한 사헬란트로푸스 차덴시스를 비롯해 수많은 종이 아프리카에서 등장해 서로 다른 환경과 조건에 적응했다. 이 과정에서 어떤 종은 멸종하고, 어떤 종은 서로 공존하며 살았다. 마지막 빙하기에는 호모 네안데르탈렌시스와 호모사피엔스가 공존했다. 하지만 유럽에서 등장한 호모 네안데르탈렌시스는 결국 멸종했고, 아프리카에서 등장해 전 지구적으로 이동한 호모사피엔스는 유일한 생존자가 되었다.

오늘날 아프리카에 말라리아가 치명적인 영향을 미치는 것은 아프리카의 생태 환경 때문일 수도 있다. 하지만 더욱 중요한 사실은 오랫동안 유럽의 식민 지배를 받으면서 아프리카의 수많은 국가가 스스로 자립할 수 있는 기반을 상실했다는 것이다. 이들에게는 말라리아와 같은 전염병을 통제하거나 예방할 수 있는 능력이 없다. 결국 말라리아는 아프리카만의 문제라기보다는 전 세계가 함께 관심을 가지고 해결해야 할 과제가 되었다.

글로벌 사회와 에이즈

원숭이로부터 시작해 전 세계로 퍼진 에이즈

1994년에 국내에 개봉한 영화 〈필라델피아〉는 필라델피아의 어느 유능한 변호사 이야기를 풀어나간다. 주인공 앤드류 베케트(톰 행크스 분)는 회사에서 가장 중대한 사건을 맡게 되지만, 동료들에게 자신이 병에 걸린 환자임을 말하지 않았다. 그런데 자신이 작성한 서류가 감쪽같이 사라지면서 해고를 당한다. 앤드류는 이 사건이 자신을 쫓아내기 위한 조작이라는 사실을 알게 된다. 그는 라이벌 변호사를 찾아가 자신이 해고를 당한 것이 능력이 없어서가 아니라 병 때문이라는 사실을 밝힌다.

1996년에 국내에 개봉한 영화 〈굿바이 마이 프렌드〉는 수혈을 받고 불치병에 걸린 덱스터(조셉 마젤로 분)와 그의 친구 에릭(브래드 렌프로 분)의 우정 이야기다. 뉴올리언스의 한 의사가 덱스터의 병을 치료할 수 있는 약을 개발했다는 소식을 듣고 아이들은 뉴올리언스로 모험을 떠나지만 결국 약을 구하지 못한 채 되돌아온다. 병원에 입원한 덱스터는 죽은 척하면서 어른들을 놀라게 할 게임을 제안했는데, 어느 날 갑자기 사망한다. 홀로 남은 에릭은 자신을 가장 잘 이해하고 돌봐준 사람이 바로 덱스터였다는 사실을 깨닫는다.

영화 〈달라스 바이어스 클럽〉은 2014년 아카데미 시상식에서 남우주연상과 남우조연상을 받는다. 전기 기술자 론 우드루프(매튜 맥커너히 분)는 어느 날 치명적인 병으로 한 달 시한부 선고를 받는다. 아직 죽음을 받아들일 준비가 되지 않은 그는 병원에서 처방한 약이 효과가 없다는 사실을 알고, 국가에서 금지한 약물을 해외에서 밀수하기 시작한다. 그러고는 자신과 같은 질병에 걸린 사람들과 댈러스 바이어스 클럽을 만들고 환자들에게 밀수한 약을 팔았다. 그는 병원에서 선고한 한 달보다 훨씬 더 많은 7년을 살았다.

위의 세 영화는 공통점을 지니고 있다. 주인공이 모두 에이즈(AIDS), 즉 후천면역결핍증에 걸렸다는 사실이다. 〈달라스 바이어스 클럽〉의 론 우드루프는 실존 인물이다. 1980년대 에이즈를 치료할 수 있는 자율 처방 관리를 주장하면서 결국 법원으로부터 특정 약물을 개인 치료제로 사용할 수 있다는 허가를 받았다. 그뿐만 아니라 독성을 줄인 에이즈 치료약을 다른 약과 함께 사용하면서 많은 사람의 목숨을 구하기도 했다.

에이즈는 인간면역결핍바이러스(HIV)에 의해 발생한다. 인간면역결핍바이러스에 감염되면 우리 몸에 있는 면역 세포가 파괴되어 면역력이 떨어지고 감염성 질환과 종양이 발생한다. 이러한 상태를 바로 '에이즈'라고 부른다. 주로 성적 접촉이나 수혈 등을 통해 바이러스에 감염되는데, 매독과 마찬가지로 임신 중에는 엄마로부터 아이에게 감염되기도 한다. 발열이나 두통, 근육통, 구토, 발진 등의 증상이 나타나고, 심해지면 뇌수막염이 발생하기도 한다. 현대사회에서 처음 에이즈가 보고된 때는 1981년이다. 미국 캘리포니아주에서 다섯 명의 남성 환자가 일반인에게서는 나타나지 않는 일종의 폐렴을 앓는다는 보고서가 제출되었다. 알고 보니 이들은 모두 동성애자였다. 이후 같은 주사기로 마약을 투약한 사람들이나 혈우병 환자들 사이에서도 동일한 질병이 발생했다. 1983년 프랑스에서는 환자로부터 처음 바이러스를 분리하는 데 성공하고 '인간면역결핍바이러스'라는 이름을 붙였다.

많은 사람이 에이즈가 과연 어디에서 기원하고 어떻게 발생하는지 관심을 가졌다. 과학자들은 에이즈가 중앙아프리카에 사는 녹색 원숭이로부터 유래되었을 가능성이 크다고 본다. 이 지역의 아프리카 원주민들에게는 원숭이를 사냥하면 그 피를 온몸에 바르는 관습이 있었다. 아마도 이 과정에서 원숭이의 유인원면역결핍바이러스(SIV)가 인간에서 옮겨 갔고, 인간의 몸속에서 변이를 일으켜 치명적인 영향을 미친다는 것이다. 아프리카에서 발생한 전염병은 선박이나 비행기 등 긴밀하게 연결된 글로벌 네트워크를 통해 급속하게 전 지구적으로 퍼졌다. 성적 접촉

• 녹색 원숭이
과학자들은 중앙아프리카에 사는 녹색 원숭이로부터 에이즈가 유래되었다고 본다. 아프리카 원주민들이 원숭이를 사냥해 그 피를 온몸에 바르는 과정에서 유인원면역결핍바이러스가 인간에게 옮겨 갔을 가능성이 있다.

을 통해 많은 에이즈 환자가 발생하고 있다는 보고에 따라, 자유로워진 성 풍습으로 에이즈가 더욱 빨리 확산하고 있다고 추정한다. 어떤 과학자는 1970년대에 아프리카에서 타히티로 이주한 사람들 사이에 에이즈 환자가 있었고, 이들이 아메리카에서 에이즈를 확산시켰다고 주장한다.

우리나라에서 보고된 최초의 에이즈 환자는 1985년에 중동에서 일하다가 돌아온 근로자였다. 하지만 그 환자로부터 또 다른 감염 사례가 발생하지 않았기 때문에 언제부터 에이즈가 우리나라에 퍼졌는지 명확하게 밝히기는 어렵다. 하지만 통계에 따르면 지난 2000년부터 2015년까지 우리나라에서 에이즈 환자는 450퍼센트 이상 증가했고, 현재 1,000명 이상의 에이즈 환자가 존재한다. 전 세계적으로 에이즈 환자 수가 감소하고 있는 현상과 비교한다면 매우 대조적이다. 특히 10대와 20대 가운데 에이즈 환자 수가 증가하는 것으로 보고되고 있다. 우리나라의 에이즈 환자 가운데 90퍼센트 이상은 남성이고, 남성끼리의 성 접촉으로 가장 많이 감염되는 것으로 밝혀졌다. 질병관리본부에서 에이즈를 예방하기 위해 사용하는 연간 예산은 무려 90억 원 이상이지만, 환자가 계속 증가하고 있어 새로운 치료 정책이 필요한 시점이다.

에이즈, 세계인이 함께 극복해야 할 전염병

전 세계적으로 아프리카 짐바브웨가 에이즈 사망률이 가장 높다. 인구 10만 명당 1,000명 이상이 에이즈로 사망한다. 더욱이 아프리카에서는 남성 에이즈 환자와 여성 에이즈 환자의 비율이 거의 비슷한데, 엄마로부터 아이에게 감염된다는 사실을 생각하면 끔찍한 전염병이 아닐 수 없다. 최근 영국 옥스퍼드대학에서는 인간면역결핍바이러스의 치명성이나 파괴력이 점점 약해지는 대신 인간의 신체에서 더 오래 살아남는 쪽으로 변해가고 있다고 발표했다. 이른바 바이러스와 인간의 공진화인 셈이다. 공진화는 한 종의 유전적 변화에 따라 다른 종에서도 유전적 변화가 발생하는 것을 의미한다. 좀 더 쉽게 말하면, 여러 종 사이의 상호 관련성이 증가하면서 함께 진화한다는 것이다. '붉은 여왕 효과'라는 용어가 있다. 영국 동화 작가 루이스 캐럴이 쓴 『이상한 나라의 앨리스』에는 붉은 여왕이 등장한다. 그녀는 앨리스에게 "제자리에 머무르고 싶으면 힘껏 달려야 한다"라고 말한다. 달리고 있는 자신뿐만 아니라 주변의 것도 함께 움직이기 때문이다. '붉은 여왕 효과'는 바이러스와 인간의 상호 관계를 분명하게 보여주는 단어라 할 수 있다.

아프리카 남부에 있는 보츠와나는 전 세계적으로 에이즈 발생률이 상위 10위 안에 드는 국가다. 지난 20년 동안 보츠와나에서 에이즈 잠복 기간은 약 10년이었는데, 최근 연구 결과에 따르면 12~13년으로 늘어났다. 이러한 연구 결과는 바이러스가 급속하게 진화하고 있다는 사실을 잘 보여준다. 마치 15세기 초 유럽인들과 함께 이동한 천연두가 아무런 면역력이 없는 아메리카 원주민 사이에 급속하게 퍼지면서 한 세기 안에 원주민의 90퍼센트 이상이 멸종한 것과 마찬가지다. 천연두에 면역력을 가진 세대가 등장하면서 이제 아메리카 원주민에게 천연두는 과거만큼 치명적인 전염병이 아니다. 에이즈도 인간면역결핍바이러스가 치명적인 영향을 미쳐 인간과 함께 사라지는 것보다 인간의 몸속에서 좀 더 오래 생존하는 방식으로 진화해가고 있다.

그렇다면 왜 세계보건기구를 비롯해 전 세계에서 백신을 만들어서 에이즈를 치료하지 않을까? 무엇보다도 인간면역결핍바이러스가 매우 빠른 속도로 변이를 일으키기 때문이다. 바이러스 증식에 불리한 조건이나 환경이 되면 증식을 멈추고 인간의 몸속에 오랫동안 잠복한다. 바이러스가 진화하기 때문에 에이즈 항생제 투약도 변화해야 한다고 주장하는 사람들이 많다. 과거처럼 인간면역결핍바이러스의 활동을 억제하는 항생제를 사용하는 경우, 바이러스는 이를 피해 더욱 오랫동안 인간의 몸에 기생하려고 한다. 이제 에이즈는 생명을 위협하는 치명적인 전염병이 아니라 치명적인 영향을 미치지 않도록 장기적으로 관리해야 하는 질병이 되었다. 과거와 비교하면 훨씬 나은 상황일지 모르지만, 이는 지구상의 일부 지역에만 해당되는 이야기다. 다시 말해, 선진국에 사는 사람들은 항생제 투여로 에이즈를 관리할 수 있으나 가난한 나라에서는 거의 불가능하다.

아프리카에서 에이즈 발병률이 가장 높은 나라는 짐바브웨공화국이다. 아프리카 동남부 지역에 있는 이 국가는 전체 인구가 1,500만 명 정도인데, 인구 10만 명 당 에이즈로 사망하는 사람의 수는 1,000명 이상이다. 15만 명 이상이 에이즈로 사망하는 셈이다. 영국의 식민지였던 짐바브웨공화국은 1980년 영국으로부터 독립해 공화국을 설립한 다음 IMF 등의 국제기구로부터 경제적 지원을 받으면서 경제 성장을 시작했다. 하지만 1990년내 이후 지구온난화와 더불어 나타난 엘니뇨 현상 때문에 가뭄이 악화되어 국민들이 영양실조와 기아로 고통받고 있다. 이처럼 매우 열악한 상황 속에서 엎친 데 덮친 격으로 에이즈는 심각한 영향을 미쳤다. 짐바브웨공화국의 평균 수명은 1980년대 55세였다가 지금은 40세 이하로 감소했다. 가뭄과 가난, 에이즈가 주된 원인이다.

국제보건기구의 보고에 따르면, 2013년에 전 세계적으로 에이즈 감염자는 모두 3,500만 명 정도였다. 하지만 그중 항생제를 투여한 사람은 30퍼센트에 불과한 약 1,000만 명이었다. 짐바브웨공화국처럼 소득이 낮은 아프리카 국가들에서는 인간면역결핍바이러스에 감염된 임산부 중 항생제를 처방받은 사람이 60퍼센트가 채 되지 않았다. 특히 에이즈에 걸린 아이들 중에 항생제 치료를 받은 사람은 20퍼센트 내외다. 나머지 아이들은 별다른 치료를 받지 못한 채 에이즈로 사망하거나 언제 치명적인 결과가 나타날지 모르는 두려움 속에 살고 있다. 2014년 유엔은 '세계 에이즈의 날'을 기념해 '90-90-90' 캠페인을 시작했다. 에이즈에 걸린 사람의 90퍼센트가 스스로 질병을 인식하고, 이 가운데 90퍼센트가 치료를 받을 수 있게 하며, 치료받은 사람의 90퍼센트로부터 더 이상 에이즈가 퍼지지 않도록 하는 정책이다. 이제 에이즈는 아프리카 남부 국가들만의 문제가 아니라, 세계인이 함께 관심을 갖고 다양한 치료법과 대책을 마련해야 하는 글로벌 전염병이다.

03

21세기의 글로벌 전염병

21세기에 다시 등장한 에볼라바이러스

미국 군부에서 비밀리에 개발한 생화학 무기 때문에 아프리카의 어느 마을 전체가 바이러스에 감염된다. 사망자가 속출하자 군부에서는 생화학 무기 개발의 증거를 감추기 위해 마을 자체를 없애려 한다. 1995년에 개봉된 〈아웃브레이크〉라는 영화의 내용이다. '아웃브레이크'는 전염병 발생을 뜻하는 단어다. 이 영화에는 치명적인 모타바바이러스가 등장하는데, 오늘날 전 세계적으로 유사한 바이러스가 만연해 있다. 그중 하나가 에볼라바이러스다. 에볼라바이러스는 급성 열성 감염을 유발하는 바이러스로 갑자기 근육통이나 두통이 발생했다가 전신 출혈이 나타난다. 에볼라에 걸린 사람의 사망률은 70퍼센트 정도로 매우 위험한 전염병이다. 발견 장소에 따라 크게 다섯 가지 유형으로 나뉘는데, 필리핀에서 발생한 것을 제외하고는 모두 아프리카에서 발생한 것이다. 다시 말해, 에볼라바이러스도 황열병이나 말라리아, 에이즈처럼 아프리카에서 발생하는 풍토병이라 할 수 있다.

많은 사람이 에볼라는 1976년 아프리카 중부에 있는 콩고공화국에서 최초로 발생했다고 주장한다. 1971년 콩고민주공화국의 대통령은 국호를 콩고공화국으로 바꾸었는데, 1997년 반군이 정치권력을 획득하면서 다시 콩고민주공화국으로 바꾸었다. 결국 최초의 에볼라는 콩고민주공화국에서 발생했다고 할 수 있다. 당시 최초의 환자가 콩고민주공화국 북부를 흐르는 에볼라강 근처에서 발생해 '에볼라바이러스'라고 부르기 시작했다. 당시 318명의 감염자 가운데 280명이 사망하면서 88퍼센트라는 높은 사망률을 보였다. 인접한 수단과 나이지리아에서도 에볼라가 발생했다. 수단에서는 감염 환자 가운데 절반 이상이 사망했다. 이후 에볼라가 갑자기 사라져 사람들의 관심에서 점점 멀어졌다.

그런데 2014년에 지금까지 한 번도 발생하지 않은 서아프리카에서 에볼라가 다시 등장했다. 가장 먼저 에볼라가 발생한 나라는 기니였다. 6개월 동안 9,000명에 가까운 환자가 발생하고, 이 가운데 절반 이상이 사망했다. 이후 에볼라는 시에라리온이나 라이베리아 등 글로벌 네트워크를 통해 인접 국가 및 아프리카 전역으로 퍼졌다. 정확한 원인은 아직 밝히지 못했지만, 과학자들은 과일박쥐가 에볼라바이러스를 전파하는 매개체라고 생각한다. 과일박쥐는 아프리카 남부나 동남아시아, 인도 등에 사는 '날여우(Flying Foxes)'의 또 다른 이름이다. 꽃의 꿀이나 과일을 주로 먹기 때문에 '과일박쥐'라고 불린다. 그런데 어떻게 과일박쥐로부터 인간에게 에볼라가 전염되는 것일까?

• **과일박쥐**
서아프리카에서는 죽은 과일박쥐를 익히지 않은 채 생으로 먹는 관습이 있는데, 여기서 처음 에볼라바이러스가 전염된 것으로 추정된다.

에볼라바이러스는 호흡기가 아닌 체액이나 혈액을 통해 감염된다. 에볼라가 발생한 서아프리카에서는 원래 과일박쥐가 중요한 식량 공급원이다. 죽은 과일박쥐를 음식 재료로 손질하기 위해 만지면 인간도 에볼라바이러스에 감염될 확률이 매우 높다. 오늘날까지도 많은 서아프리카 사람들이 과일박쥐를 전통 음식이라고 생각하고 있다. 에볼라바이러스 때문에 수많은 사람이 희생되었음에도, 여전히 많은 사람이 생활 관습을 바꾸려 하지 않는다. 심지어 과일박쥐를 먹고 에볼라에 걸려 사망하면 운명이려니 생각하는 사람도 있다. 에볼라바이러스는 햇빛과 열에 약해 익혀서 먹으면 별다른 문제가 생기지 않는다. 하지만 서아프리카의 많은 지역에서는 죽은 과일박쥐를 익히지 않은 채 생으로 먹는다.

2014년 콩고민주공화국에서 다시 발생한 에볼라바이러스는 사람 사이에서도 쉽게 감염될 수 있다는 사실을 잘 보여준다. 콩고민주공화국의 수도 킨샤사로부터 1,000킬로미터 이상 떨어진 열대우림 지역에서 한 남성이 에볼라에 걸렸다. 그를 병원으로 태우고 간 택시 운전사와 간병인도 에볼라에 감염되어 사망했다. 에볼라 환자의 땀이나 침, 분비물을 통해 감염되었을 가능성이 크다. 에볼라바이러스로 사망한 여성의 장례식에서 죽은 사람을 만지는 관습 때문에 바이러스가 사람들 사이에 퍼지기도 했다. 아직 에볼라바이러스는 치료제나 백신이 개발되지 않았다. 가장 중요한 이유는 에볼라바이러스가 주로 가난한 아프리카 국가들에서 발생한다는 것이다. 많은 제약 회사들은 이들이 비싼 에볼라바이러스 치료제나 백신을 살 수 있는 능력이 되지 않는다고 생각했기 때문에 별다른 관심을 가지지 않았다.

10월 17일은 '세계 빈곤 퇴치의 날'이다. 1987년 프랑스 파리에 있는 트로카데로 광장에 군중 10만 명이 모였다. 이들은 절대 빈곤을 퇴치하기 위한 기념비 행사를 열었다. 여기서 '절대 빈곤'이란 최소한의 식량조차 구하기 어려운 상황을 말한다. 세계은행에서는 하루 1.25달러, 우리 돈으로 약 1,500원 정도로 생활하는 사람들의 상태를 절대 빈곤이라고 정의한다. 절대 빈곤 비율은 아프리카나 인도처럼 오랫동안 유럽의 식민 지배를 받은 지역에서 매우 높게 나타난다. 2000년에 유엔은 '새천년 개발 목표'를 제시했는데, 여기에는 2015년까지 절대 빈곤 비율을 절반 이하로 줄이는 것도 포함되어 있다. 지난 2015년 유엔 사무총장이 발표한 보고서에 따르면, 절대 빈곤은 절반 수준으로 줄었고 약 7억 명 이상이 절대 빈곤에서 벗어났다. 하지만 여전히 전 세계 노동자의 10퍼센트 이상이 절대 빈곤의 상태에 놓여 있다.

아프리카의 여러 국가에서 에볼라가 치명적인 이유는 단순히 사망률이 높아서가 아니다. 최근 더욱 심각해지는 지구온난화와 더불어 기후변화가 발생하는데, 이와 같은 기후변화는 식량 공급량의 감소나 가격 폭등을 초래한다. 2014년 서아프리카의 여러 지역에서 에볼라가 발생하자 서아프리카와의 인구 이동 및 교역이 제한되었다. 결국 서아프리카에 공급되는 식량이나 다른 상품이 감소하면서 이 지역들에서는 가격 폭등이 발생했고, 이는 절대 빈곤 상태에 놓인 수많은 사람에게 최악의 상황이었다. 이러한 점에서 본다면 절대 빈곤과 기후변화, 그리고 에볼라와 같은 치명적인 전염병은 밀접한 상호 관련성을 가지고 있다고 할 수 있다. 2014년 라이베리아 지역을 여행하고 고향으로 돌아온 미국인이 에볼라에 걸려 사망했다. 첫 사망자가 발생하자 미국을 비롯한 많은 나라에서 에볼라에 좀 더 관심을 가지기 시작했다. 에볼라는 더 이상 아프리카에서만 만연하는 전염병이 아니라 전 세계에 치명적인 영향을 미칠 수 있는 글로벌 전염병이 되었다.

중국 대륙을 휩쓴 사스

21세기에 들어와 전 세계를 위협한 또 다른 글로벌 전염병으로 중증급성호흡기증후군, 즉 사스(SARS)를 들 수 있다. 2002년 11월 중국에서 처음 발생한 이 전염병은 우리나라에서도 급속히 퍼져나갔다. 원인을 명확하게 알 수 없어 처음에는 '괴질'이라고 불렀다가 나중에 '사스'라고 부르기 시작했다. 사스는 사스코로나바이러스가 인간의 호흡기에 들어와 발생하는 전염병이다. 원래 사스코로나바이러스는 한 가닥의 RNA를 유전물질로 가지고 있는데, 인간에게 감염되는 혈청은 두 가지 종류가 있다. 하지만 사스의 원인으로 밝혀진 혈청은 이 두 가지 종류와는 다른 것이어서 바이러스의 변종으로 추정하고 있다. 명확한 감염 경로는 밝혀지지 않았지만 대기 중의 입자들에 의해 전파되는 것으로 보인다. 사스코로나바이러스에 감염되면 발열이나 두통, 근육통 등이 나타나고, 기침과 호흡 곤란 증상도 나타난다. 전체 환자의 4분의 1이 설사를 경험했고 이후에는 호흡 기능이 더욱 나빠졌다.

학자들은 에볼라와 마찬가지로 사스도 박쥐가 매개체일 가능성이 크다고 말한다. 중국·호주·미국 공동 연구팀은 중국에 서식하는 박쥐 아홉 종류를 조사하고 이 가운데 약 70퍼센트가 사스와 유사한 바이러스를 가지고 있다고 발표했다. 그전까지는 사향고양이가 사스의 매개체라고 주장하는 사람이 많았다. 사향고양이의 정식 명칭은 흰코사향고양이로 주로 과일을 먹는다. 육질이 연하고 비린내가 없기 때문에 오래전부터 중국에서는 사향고양이를 요리 재료로 사용해왔다. 고대 중국의 주(周)나라에서는 여덟 가지 진귀한 재료로 조리하는 방법을 '팔진(八珍)'이라고 불렀는데, 여기에도 사향고양이가 재료로 들어간다. 또 16세기 명(明)나라 때 편찬된 의학 서적 『본초강목』에 따르면, "사향고양이는 특히 술을 깨는 데 효험이 있다"고 한다. 과일을 먹는 동물로서 음식 재료가 된다는 점에서 사스와 에볼라의 매개체는 비슷한 점이 있다. 이러한 조사 결과에 따르면 사향고양이가 중간 매개체 역할을 담당한 것으로 보인다.

중국에서 발생한 사스 환자는 8,000여 명이었는데, 이 가운데 10퍼센트 이상이 사망했다. 특히 호흡기 질환에 약한 노인이 많이 걸렸고 노인의 절반 이상이 사망했다. 사스가 전 세계적으로 알려진 것은 홍콩에서 사망자가 발생했기 때문이다. 2003년 3월에 홍콩의 한 사업가가 사스에 걸려 사망했고, 그를 치료하던 병원 의사들도 사스에 감염되었다. 전 세계적인 이동이 잦은 글로벌 사회에서 사스는 몇 주 내에 여러 국가로 퍼졌다. 대표적인 호흡기 질환인 감기와 달리 사망률이 높아 중국뿐만 아니라 세계적으로 사스에 대한 관심이 급증했다. 중국과 밀접한 관계를 맺고 있던 우리나라에서는 세 명의 환자가 발생했는데, 당시 언론에서는 우리나라 사람들이 김치를 먹어서 사스에 잘 걸리지 않는다고 보도하기도 했다. 이웃 나라인 일본도 사스가 발생하지 않았다. 이러한 점으로 미루어 보아, 우리나라와 일본의 높은 위생 및 공중 보건 수준 때문에 사스의 발병률이 낮게 나타났다고 추정해볼 수 있다.

인간에게도 치명적인 조류인플루엔자

중국에서 사스가 치명적인 전염병이었다면, 우리나라에서는 조류인플루엔자가 위험한 전염병이었다. 조류인플루엔자는 조류인플루엔자바이러스가 닭이나 오리, 야생 조류 등에 감염되어 발생하는 전염병이다. 주로 조류에게서 발생하지만 인간에게 감염되는 일도 있다. 인간의 역사 속에서 전염병이 빈번히게 발생하고 유행하기 시작한 것은 농경이 시작된 이후다. 인간이 사는 환경으로 야생동물을 데려와 길들이기 시작하면서 동물의 전염병이 인간에게 옮겨진 것이다. 대표적인 전염병으로는 소에게서 옮겨온 홍역이나 돼지에게서 옮겨온 백일해 등을 들 수 있다. 어떻게 보면 인간에게 발생하는 전염병은 대부분 야생동물을 가축으로 길들이는 과정에서 유래한 것일지도 모른다.

그런데 오랫동안 인간에게 길든 조류에게서 바이러스가 발생한다는 것은 매우 위험한 일이다. 인간과 가까운 생활 반경 안에서 발생하는 전염병은 인간에게도 심각한 영향을 미칠 수 있기 때문이다. 2016년 겨울에 우리나라에서 발생한 조류인플루엔자 때문에 1만 5,000마리 이상의 닭이 강제로 처분되었다. 국내에서 기르는 닭의 10퍼센트에 해당한다. 2017년 봄에는 고병원성 조류인플루엔자가 발생하면서 달걀 가격이 25퍼센트 이상 인상되었다. 달걀 공급량이 부족해지자 태국, 일본, 호주, 네덜란드 등 다른 국가에서 달걀을 수입했다. 우리나라 정부는 달걀 가격

• **조류인플루엔자**
조류인플루엔자는 조류인플루엔자바이러스가 닭이나 오리, 야생 조류 등에 감염되어 발생하는 전염병이다. 인간에게 감염되어 사망자가 발생하기도 했다.

의 안정화를 위해 수입 달걀 및 가공품에 부과되는 관세를 인하하는 정책을 연장 시행한다고 발표하기도 했다.

조류인플루엔자바이러스는 전파 속도가 빠르고 변이도 자주 일어난다. 닭이나 오리 등 조류에게만 발생한다면 가축을 처분하고 방역하면 그만이지만, 인간에게도 감염되고 사망자까지 발생하자 상황이 심각해졌다. 조류인플루엔자의 여러 변이 가운데 가장 심각한 것은 H5N1이다. 사실 이 바이러스는 실험실에서 만들어졌다. 네덜란드 에라스무스 대학교 메디컬센터의 론 푸시에와 미국 위스콘신-매디슨 대학교의 요시히로 가와오카는 변이된 H5N1바이러스가 같은 공간에 있는 족제비들을 죽이는 실험에 성공했다. 이 실험은 많은 사람에게 충격을 안겨주었다. H5N1바이러스는 지금까지 동물과 인간 사이에 쉽게 감염되지 않았는데, 이 실험을 통해 서로 다른 종끼리도 충분히 감염될 수 있다는 사실이 밝혀졌기 때문이다. 족제비는 인간이 인플루엔자바이러스에 감염되는지 확인하기 위한 지표 동물로 사용된다. 따라서 족제비에게 감염되는 바이러스는 인간에게도 감염될 확률이 매우 높다.

무엇보다도 이 바이러스가 실험실 밖으로 노출되면 대단히 위험하다. 최근 밝혀진 바에 따르면, '1918년 인플루엔자'의 원인우

H1N1바이러스였다. 1918년 3월부터 1919년 2월까지 1년이 채 되지 않는 기간에 발생하면서 전 세계적으로 5,000만 명 이상의 사망자가 발생했다. 더욱 놀라운 사실은 '1918년 인플루엔자'의 원인인 H1N1바이러스의 유전자가 H5N1바이러스의 유전자와 매우 비슷하다는 것이다. 쉽게 말하면, H5N1바이러스가 세상 밖으로 노출되어 퍼진다면, '1918년 인플루엔자'의 경우처럼 수많은 사망자가 발생할 수 있다.

사실 이미 많은 사람이 이러한 바이러스가 세상 밖으로 유출되었을지도 모른다고 생각한다. 1977년 러시아에서 발생한 독감은 유난히 젊은 사람들 사이에 유행했다. 한 가지 흥미로운 사실은 1950년 이전에 태어난 사람들은 이 독감에 잘 걸리지 않았다는 것이다. 과학자들은 1950년에 전 세계적으로 유행한 독감바이러스와 1977년에 러시아에서 유행한 독감바이러스의 유전자가 기의 비슷하다는 사실을 밝혀냈다. 1950년의 독감에 걸린 사람들은 면역력이 있었기 때문에 1977년의 독감에 잘 걸리지 않았다. 이처럼 유전자가 거의 비슷한 바이러스가 다시 발생한 것과 관련해 사람들은 실험실에서 보관하고 있던 바이러스가 유출된 것이 아닌지 의심을 가졌다. 우리나라에서 조류인플루엔자의 예방과 확산 방지를 위해 다양한 조처를 취하는 것도 바로 이 때문이다.

전 세계적으로 대유행한 신종인플루엔자A

조류인플루엔자 외에도 전 세계를 불안에 떨게 하는 전염병으로 신종인플루엔자A를 들 수 있다. 신종인플루엔자A(H1N1)는 인플루엔자바이러스 A형이 변이를 일으킨 새로운 바이러스다. 조류에서 발생한 인플루엔자바이러스는 직접 사람에게 감염되지 않지만, 돼지는 사람과 조류의 인플루엔자바이러스에 모두 감염된다. 따라서 돼지에게서 발생한 인플루엔자바이러스 A형의 변이가 인간에게 옮겨올 수 있다. 신종인플루엔자A는 2003년 미국에서 처음 발생했고, 2009년에는 전 세계적으로 대유행했다. 당시 200여 개 국가에서 신종인플루엔자A가 발생했는데, 사망자 수는 무려 1만 8,000명 이상이었다. 감염된 환자의 기침이나 재채기를 통해 호흡기로 전파되기 때문에 다른 전염병보다 확산 속도가 매우 빠르다. 갑작스러운 고열이나 오한, 기침을 비롯한 호흡기 증상이 나타나 계절성 독감 증상과도 비슷하다.

신종인플루엔자A는 우리나라에서도 매우 치명적이었다. 발열 및 기침 증상을 보이는 사람들에게 신종인플루엔자A 검사를 시행했고, 확진 판정을 받은 사람들은 타미플루를 복용했다. 타미플루는 국제보건기구로부터 유일한 조류인플루엔자 치료제로 인정받은 약이다. 이 약은 스위스 제약 회사 로슈홀딩이 특허권을 가지고 독점 생산했다. 증상이 발생한 이후 48시간 이내에 복용해야 효과가 크다. 2009년 전 세계적으로 신종인플루엔자A가 유행할 때 공급 부족 사태가 발생하기도 했다. 우리나라에서는 7,000명 이상의 환자가 발생했고, 50명 이상의 사망자가 나왔다. 신종인플루엔자A를 통제하기 위해 타미플루를 사용한 것은 신종인플루엔자A가 조류인플루엔자와 비슷한 유전자를 가지고 있기 때문이다. 결국 신종인플루엔자A는 조류인플루엔자의 또 다른 변이라고 볼 수 있다.

현대사회에서 발생하는 전염병은 다른 어느 시기보다 치명적인 영향을 미친다. 과학과 의학 기술은 더욱 발달하고 수많은 지식과 정보가 축적되었지만 과거와 마찬가지로 전염병의 유행이 빈번하게 발생하는 이유는 무엇일까? 무엇보다도 현대사회가 과거의 다른 시기보다 훨씬 밀접하게 연결되어 있기 때문이다. 한 지역에서 다른 지역으로 사람들이 이동하고, 상품과 지식, 정보가 교류하면서 병원균도 함께 옮겨 간다. 어떤 전염병은 면역력이 없는 사람들에게 악영향을 미치고, 심각한 경우에는 거의 멸종 단계에 이르기도 한다. 가장 큰 원인은 글로벌 네트워크의 형성과 발달이다. 육로와 해로를 통해 여러 지역이 연결되면서 세계는 좀 더 가까워지고, 전염병은 더욱 널리 퍼진다.

현대사회는 모든 것이 하나로 연결되어 있다. 한 지역에서 발생한 전염병이 전 지구적으로 영향을 미친다. 반대로 전 지구적으로 발생한 전염병이 한 지역에만 더 치명적인 영향을 미치는 일도 있다. 따라서 이제 전염병은 하나의 지역이나 국가에서 해결할 수 있는 문제가 아니다. 특히 오랜 식민지였던 아프리카처럼 정치·경제적으로 불안정한 상태에 있는 지역이나 국가에서는 치명적인 전염병이 발생했을 때 이를 치료하거나 통제하는 것이 거의 불가능하다. 결국 전염병이 전 지구적으로 확산하는 것을 막고 사망률을 낮추기 위해서는 무엇보다도 현대사회의 상호 관련성을 잘 이해해야 한다. 상호 관련성은 현대사회의 본질이다. 과거 어느 때보다 훨씬 빠른 속도로 영향력을 미칠 수 있는 전염병을 극복하고 통제하려면 전 지구적인 협력이 무엇보다 절실하다.

전염병의 역사를 돌아보고
오늘날의 위기를 극복하자

    1892년에 미국 뉴욕 〈자유의 여신상〉 아래쪽에 새로운 건물이 들어섰다. 미국 최초의 연방 이민국인 '엘리스 아일랜드'다. 유럽에서 미국으로 이주하는 800만 명 이상의 이민자들은 반드시 이 연방 이민국을 통과해야 했다. 당시 연방 이민국의 가장 중요한 역할은 이민자의 건강 상태를 확인하는 것이었다. 이민자 대부분은 가난을 피해 본국을 떠난 사람들이었기 때문에 주머니 사정이 좋지 않았다. 주로 가난한 사람들이 전염병에 많이 걸리던 터라 연방 정부는 미국이 '가난한 이민자들의 병원'이 되지 않도록 엄격한 이민 검역 정책을 시행했다. 특히 19세기 중반 이후 남유럽이나 동유럽, 아시아에서 들어오는 이민자들이 급증하면서 이민 검역은 더욱 까다로워졌다.

엘리스 아일랜드에서 시행된 이민 검역 결과에 따라 이민자는 세 집단으로 나뉘었다. 첫 번째 집단은 입국 허가를 받은 사람들이었고, 두 번째는 일정 기간 구금이나 격리 조치를 받은 다음 다시 의료 검사를 받아야 하는 사람들이었다. 마지막 집단은 즉시 본국으로 추방되는 사람들이었는데, 당시 결막염이나 피부염도 추방 기준에 포함되었다. 엘리스 아일랜드는 1954년에 문을 닫을 때까지 외부에서 발생한 심각한 전염병이 미국 사회에 확산되지 않도록 예방하고 통제하기 위한 장소였다. 엘리스 아일랜드의 이민 검역을 계기로 연방 정부의 공중 보건 및 위생 정책은 더욱 강화되었다.

역사 속에서 유행성 전염병은 인류 문명에 여러 차례 치병적인 영향을 미쳤다. 사람들의 이동이 잦아지면서 글로벌 네트워크가 확대됨에 따라 의도하지 않던 유행성 전염병으로 거대한 제국이 몰락한 역사적 사례도 있다. 결국 글로벌 네트워크의 형성과 발전, 그 속에서 사람들의 이동이 과거에도 오늘날에도 유행성 전염병의 전 지구적 확산에 결정적인 영향을 미치고 있다.

이 책에서는 인류의 역사에 심각한 영향을 미친 다양한 유행성 전염병을 다루어보았다. 아프로-유라시아에서 교환 네트워크가 발전함에 따라 천연두나 흑사병이 상인이나 군대와 함께 이동하면서 여러 지역과 국가에 미친 영향을 살펴보았고, 15세기 말 이후 아메리카가 네트워크에 편입되면서 매독이나 황열병 같은 질병이 미치는 영향도 분석했다. 산업화 이후 도시로 사람들이 모여들면서 심각해진 콜레라나 전쟁으로 가속화된 이질과 인플루엔자도 알아보았다. 오랫동안 유럽의 식민지로 전락해 치명적인 유행성 전염병에 제대로 대처하지 못하는 현실에 대해서도 서술했다.

흔히 인간만이 역사를 가지고 있다고 생각한다. 하지만 좀 더 시야를 넓혀보면, 인류의 역사는 인간과 인간을 둘러싼 환경의 상호작용으로 일어나는 다채로운 이야기다. 인간을 둘러싼 환경에는 우리 눈에 보이지 않는 아주 작은 세균과 바이러스도 포함된다. 따라서 인류의 역사에는 인간과 전염병이 어떻게 서로 영향을 주고받았는지에 관한 이야기도 포함되어 있다. 이 책에서는 역사상 매우 치명적인 유행성 전염병이 발생했을 때 사람들이 어떻게 인식하고 대처했는지 살펴보고자 했다. 비록 당시 사람들은 전염병의 원인이나 효과적인 치료법은 제대로 알지 못했지만, 그럼에도 이러한 역사적 경험을 돌아본다면 코로나19로

홍역을 치르고 있는 지금 우리에게도 여러 가지 의미 있는 메시지를 얻을 것이라 생각한다.

참고문헌

1. 국내서적

신동원, 『호환 마마 천연두』, 돌베개, 2013.

2. 번역서적

맥닐, 윌리엄, 김우영 옮김, 『전염병의 세계사』, 이산, 2005.

손택, 수전, 이재원 옮김, 『은유로서의 질병』, 이후, 2002.

지거리스트, 헨리, 황상익 옮김, 『문명과 질병』, 한길사, 2008.

퀘이조, 손, 황상익 외 옮김, 『콜레라는 이렇게 문명을 구했나』, 메디치미디어, 2012.

크로스비, 앨프리드 W., 김기윤 옮김, 『콜럼버스가 바꾼 세계』, 지식의숲, 2006.

크로스비, 앨프리드 W., 김서형 옮김, 『인류 최대의 재앙, 1918년 인플루엔자』,
    서해문집, 2010.

3. 외국서적

Anderson, Laurie Halse, *Fever 1793*, New York: Simon & Schuster Books, 2000.

Crosby, Molly Caldwell, *The American Plague*, New York: Berkley Books, 2006.

Duffy, John, *The Sanitarians: A History of American Public Health*, Urbana Champaign: University of Illinois, 1990.

Rosenberg, Charles E., *The Cholera Years*, Chicago: University of Chicago Press, 1962.

생각하는 힘-세계사컬렉션 17

전염병이 휩쓴 세계사
전염병은 어떻게 세계사의 운명을 뒤바꿔놓았는가

펴낸날	**초판 1쇄 2020년 5월 8일**
	초판 4쇄 2021년 4월 19일

지은이	**김서형**
펴낸이	**심만수**
펴낸곳	**㈜살림출판사**
출판등록	**1989년 11월 1일 제9-210호**

주소	**경기도 파주시 광인사길 30**
전화	**031-955-1350**　팩스　**031-624-1356**
홈페이지	**http://www.sallimbooks.com**
이메일	**book@sallimbooks.com**

ISBN	**978-89-522-3854-2 04900**
	978-89-522-3910-5 04900(세트)

※ 값은 뒤표지에 있습니다.
※ 잘못 만들어진 책은 구입하신 서점에서 바꾸어 드립니다.
※ 각각의 그림에 대한 저작권을 찾아보았지만, 찾아지지 못한 그림은
　저작권자를 알려주시면 대가를 지불하겠습니다.

이 도서의 국립중앙도서관 출판예정도서목록(CIP)은 서지정보유통지원시스템 홈페이지
(http://seoji.nl.go.kr)와 국가자료종합목록시스템(http://www.nl.go.kr/kolisnet)에서
이용하실 수 있습니다.(CIP제어번호: CIP2020016269)